『やさしいノルウェー語の作文』正誤表

page	part	誤	正
i	5行目	向上せせる	向上させる
7	8：例題	8.「今晩は夕食を家で食べないの？」コーヒーを1つ、ココアを1つ	8.「今晩は夕食を食べないの？」コーヒーを1つ、ココアを2つ
22	22：問題(2	Norge	Norge i 1905
26	26：例文	解答	解説
35	36：解説	脱落	解説
44	46：例文		Askeladden og hans brødre dro på eventyr
48	50：例文(1	suten	sulten
56	59：例文(2	kommmer	kommer
56		liker Skandinavia	liker iskrem
60	63：例文		glad i iskrem
60	63：問題(2	彼らはパーティーで酔っ払った	彼らは昨日パーティーで酔っ払った
62	65：問題(1	venninne	venninne
68	72：例文(1	fornøyde	fornøyde
73	78：問題(1	誰が年上ですが	誰が年上ですか
84	90：語彙	vistnok	vistnok, visst nok
102	111：問題(1	朝食	昼食
113	123：問題(2	彼は私に誰が訪問してきたのか尋ねました	彼は私に昨日誰が訪問してきたのか尋ねました
115	125：問題(1	Han	De
124	136：単語	en riktig bok	en viktig bok
127	139：例題	クリスチャンは	彼は
133	146：例題	今晩から雪になる	今晩から雨になる
157	173：解説	kunne lige godt	kunne lige godt
173	191：単語	sihherhets-	sikkerhets-

page	part	誤	正
182	6：解答(3	skyldig	skyldig (i den saken/saka)
187	35：解答(2	hyggelig	hyggelig/gledelig
189	51：解答(1	er i veien	er/står i veien
190	55：解答(1	spiste hun bare litt mat/litt av maten.	Hun spiste bare litt mat/litt av maten.
191	58：解答(1	eddik	eddik
192	68：解答(2	Den mistenkte var involvert i ulykken	Den mistenkte var blant de omkomne i ulykken/ulykka
198	114：解答(3	Om det var i morgen,kunne det være fint.	Han ter seg som om han var gal.
199	116：解答(2	Han la se etter at ---	Trygve la seg etter at ---
199	118：解答(3	Hun ble satt (stor) pris på.	Søknaden (skal) sendes innen årsskiftet.
201	131：解答(1	til Oslo	til Norge
204	147：解答(2	De bes (om å) sende det til fru Nakajyo innen ---	De bes (om å) sende søknadskjemaet til fru Nakajyo innen ---
204	152：解答(3	etter tre års fravær	削除
205	158：解答(3	Der	De
207	170：解答(2	på dette feltet	削除
208	173：解答(2	Du kan like godt å la være å ---	Du kan like godt la være å ---
212	2	その後の番号をずらす	主語 + 述語 (2)
213	37	その後の番号をずらす	外置構文
214	68	原級（〜倍）を70に	比較級を削除
214	93	一体が 93	hver が 93

やさしいノルウェー語の作文

Norsk skrivingsøvelse
for begynnere

岡本健志　著

東京　**大学書林**　発行

はじめに

　大学書林の佐藤社長より『やさしい中国語の作文』や『やさしいスペイン語の作文』のような本を書いてみませんかというお声をかけていただいたことが本書を執筆するきっかけでした。本書は、ノルウェー語初級文法をひとまず終えた学習者が文法の確認をしながら作文力を向上せせることを目的とするものです。

　留学時に10行程の日本に関する作文（例、小学校）を書き、ノルウェー人の学友に訂正を依頼しました。この作文を通じて文法事項や表現の確認だけでなく、会話力も向上したと思います。このような経験から、学生には外国語によるコミュニケーションの楽しみの基盤となる「作文」の効用についてよく話をします。

　本書の構成は、以下の通りです。

例題：枠内の日本語を各自でノルウェー語にしてください。

単語：作文の際に必要な単語を記しました。語尾変化などは記していませんので、辞書などを利用しつつ、単語帳を作られることをお勧めします。

解説：実際の解答例に簡潔に解説を加えています。各例題に含まれる文法事項や慣用表現などを記しました。

例文：<u>解答例はこの部分に記されていますので、必要に応じて、紙などで解答をまず隠して下さい。</u>当然のことですが、状況により様々な表現が可能です。ここに記した解答例は正解の一例であり、唯一の正解であるということではありません。

問題：例題に含まれる文法事項または慣用表現を含む練習問題で

　　　　す。解答例は巻末にあります。問題にあるノルウェー語の
　　　　実例が正しいかどうか判断してください。
参考：問題を解く場合のヒントや指示を記しました。
語彙：基本的な表現（解説を含む）を記しました。

　本書を執筆するにあたり、オスロ大学のElse Ryen氏には訳文全体にわたって校閲をお願いした上、細かな点についても何度も検討していただきました。谷口遊さんには資料の整理を手伝っていただきました。本書の内容はすべて筆者に責任があります。

　細心の注意を払ったつもりですが、思わぬ過ちを記述しているとも限りません。

　なお、「目次」では便宜的に「統語編」、「名詞・冠詞・数詞編」などと記しています。なかには複数の文法的要素が関係している場合があり、例えば、再帰代名詞所有形による一部の表現は所有表現を一括して扱う方が学習者に役立つだろうと判断したため、これを「代名詞編」ではなく、「名詞・冠詞編」に加えています。巻末リストに各単元で扱った文法項目リストを加えましたので、必要に応じて参照して下さい。

　最後になりましたが、大学書林の佐藤社長をはじめ、様々な形でお世話になりました皆さまに心よりお礼を申し上げます。本書がノルウェー語学習者の作文力の向上に少しでも役立つなら、これにまさる喜びはありません。

2010年7月　　　　　　　　　　　文京区春日にて　　　岡本健志

　　　著者紹介

　　岡本健志［おかもと・たけし］ノルウェー語学・文学非常勤講師

目　　次

統語編
1　シグールは寝ています。……………………………………1
2　事故は欧州高速道路 E18号線で起きました。……………2
3　少女は病気で、先週金曜日からずっと横になっています。　2
4　その本を受け取りました。……………………………………3
5　母が1着のコートを買ってくれました。……………………4
6　ハンスはその家畜小屋を白く塗りました。…………………5
7　彼が寝室から出て行くのを見ました。………………………6
8　「今晩は夕食を家で食べないの？」「いや、食べるよ。」……7
9　「モルデにはどれぐらい住んでいたの？」「1年半です。」…8
10　「彼らは来ますよね？」「そう思うけど。」……………………9
11　「ごろごろしていないで、さっさと部屋を片付けなさい。」10
12　「なんてあいつは気前がいいんだ！」………………………11
13　「彼女がすぐに来てくれればなぁ。」（待ち合わせ時間を
　　過ぎても来ない場合）………………………………………12
14　「もう今日はノルウェー語の勉強をしたくない。」…………13
15　エーギルがボールを打った。…………………………………14
16　たとえ気が向かないとしても、それでもそれをしなけれ
　　ばならない。…………………………………………………15

品詞編
名詞・冠詞・数詞
17　イーダには70歳のおばがいます。おばはオスロに住んで
　　います。………………………………………………………16
18　ヘッダは一頭のノルウェー産の馬と二頭の英国産の馬を
　　飼っています。………………………………………………17

iii

19	エルセはノルウェー語教師です。	18
20	朱美は、ノルウェー語を専攻している勤勉な学生です。	19
21	そのフィヨルドにはオスロからバスで行くこともできます。	20
22	最近再び、ノルウェー西部の沿岸で天然ガスが発見されました。	21
23	1789年、フランス革命が起きました。	22
24	劇作家イプセンにはノーベル文学賞が授与されませんでした。	24
25	「イーヴァルの先生がヨンで、ラーシュの先生がヤンだよ。」	25
26	ホーコン7世は、1905年にノルウェー国王に即位（戴冠）しました。	26
27	「これは誰の本？」「きっとレーネのだよ。」	27
28	「21-7はいくつですか？」	28

代名詞類

29	私は1台のスウェーデン製カメラを所有しています。それは新製品です。	29
30	「この夏はスヴァールバル（群島）にいたの？」「いいえ、いませんでした。」	30
31	1台の自動車が私たちを追い抜いて行った。時速100キロは出ていた。	31
32	これから夏至まで、ますます明るくなります。	32
33	「ご機嫌いかがですか？」「おかげさまで。」	33
34	（誰かが）扉をたたく音がしました。	34
35	シートベルト着用は義務です。	34
36	「長い間待ってくださって（あなたは）本当に優しい方ですね。」	35
37	彼がエルヴェルムでの心臓病の会議に参加しないのは残念なことです。	36

38	（私は）金曜日までにそれを終了させるのが不可能だとわかった。	37
39	申請書を送付していただきたく存じます。	38
40	マリアは立ち上がると、一言も言わずに出て行った。	39
41	ポールは（それを）知りませんでした。	40
42	（窓ガラスを割ったのは）私です。	41
43	そのドレスを是非試着してみてください。	42
44	（子供に）「そろそろ自分のベッドで寝なさいよ！」	42
45	シグルンの妹は、ベルゲンで両親と同居しています。	43
46	アスケラッデンと（彼の）仲間は冒険に出かけました。	44
47	道路の向こう側（反対側）を歩いている男性は、私の隣に住んでいます。	45
48	あの俳優は、国民舞台劇場にペール役ででていますが、私の長年の友人です。	46
49	この世にあるすべてのものを手に入れることなんてできない。	47
50	彼はいつもお腹をすかしていますが、私にはそれが理解できません。	48
51	その問題の責任がだれにあるのかわかりません。	49
52	父親がバス運転手の少年は、どうにかして問題を解決しなければなりません。	50
53	「あなたが欲しいもので、この店で買えそうなものがありますか？」	51
54	その爺さんが住んでいた家にはニッセ（妖精）も住んでいました。	52
55	「あなたたちのなかでアルタの岩絵を見たことがある人はいますか？」	53
56	「万一何かあったら、電話して下さい。」	54

57 「何か暖かい飲み物を下さい。」 …………………………54
58 「少しだったら食べ物が残っていますよ。」 ……………55
59 その雑誌は3カ月毎に発行されます。 …………………56
   形容詞類
60 筆箱には3本の緑の鉛筆、1本の赤ボールペンと小さな
   消しゴムがあります。 ……………………………………57
61 その斑（ぶち）の犬はとてもおとなしい。 ……………57
62 「マグヌスちゃん、自動車には気をつけなさいよ。」 ……58
63 彼らはアイスクリームが好きです。 ……………………59
64 （一般的な表現として）「リンゴは日本ではとても高価です。」 60
65 最初の日はうまくいきました。でも2日目に事件が起こ
   りました。 …………………………………………………61
66 知らない男が突然私たちの方に走りながらやってきました。62
67 それらの微笑んでいる子供たちは、これから映画を見に
   行く予定です。 ……………………………………………63
68 オンダルス方面へのお客様は、ドンボスで（列車を）お
   乗り換えください。 ………………………………………64
69 この鉛筆は、あの色鉛筆と同じぐらい長い。 …………65
70 日本の人口は、ノルウェーの約30倍です。 ……………66
71 IC特急は、普通列車よりも格段に速いですよ。 ………67
72 その学校の少女たちは、少年たちよりも学校の状況に満
   足していました。 …………………………………………68
73 ソールヴェイは、レーネよりも3cm背が高い。 ………69
74 驚いたことに、駅からの途中数人の年配の女性に出会った。69
75 「空腹よりも眠い」と、その冒険家は答えた。 …………70
76 芸術に関して、彼は彼女よりも才能に恵まれなかった。…71
77 世界で最も大きなダイヤモンドは、ロンドン塔に展示さ
   れています。 ………………………………………………72

78	「その2台のトラックでは、どちらが大きいでしょう？」	73
79	その事故での犠牲者総数は、10人～15人です。	74
80	その非常に大型の自動車は、ガソリン1リッターあたり3kmしか走らない。	75
81	彼女は、たった15分間でその大きなピザを丸ごと平らげてしまった。	76
82	すべての人間は同じ権利を有するべきである。	77
83	私たちは多くの野菜を生産しています。	78
84	水筒にほとんど水がありません。	78
85	「イーダが来るの、それとも、ヘレーネが来るの？」「2人ともよ。」	79

副詞類

86	レイフは1時間ほど前に帰宅し、家で宿題をしています。	80
87	彼はノルウェー語をゆっくりと話します。	81
88	私のアイルランド人の友人は、もうかなり長く日本で暮らしています。	82
89	「(君たちは) そんな風にしてはいけない。」	83
90	時間がないかもしれません。	84
91	昨日、彼は王宮公園でそのようにして彼女を説得しようとした。	85
92	この村には世界遺産リストに登録されている寺があります。	86
93	「一体誰がそんなことを言ったの？」「マサオだよ。」	87
94	「(それらの) 小包の重量は？」「各10kgです。」	87
95	「あなたが購読している新聞は？」「ベルゲンスティーデネです。」	88
96	ヴェーソースの本をまだ受け取っていません。	89
97	ノルウェー人の全員が皆、英語が得意というわけではありませんよ。	90

98 「私は絶対にあなた方を許しません！」……………………91
99 フェーロー諸島にもまだ行ったことがありません。………91
100 「トールはこの時間（まだ）家にいないと思うよ。」………92
動詞類
101 「来月の休暇を楽しみにしています。」…………………93
102 「チャイムが鳴った。先生が来るぞ。」……………………94
103 （警官）「ここで何をしている？」……………………………94
104 「また鍵をなくしてしまったの？」……………………………95
105 マルグレーテはエーリクが王位を継承するように最大の努力を払った。………………………………………………96
106 「3時半までに部屋を片付けなければなりません。」………97
107 2年もすれば、ある程度ノルウェー語が話せるようになるでしょう。…………………………………………………98
108 ヒェーティルがスペインを気に入ってくれればと願っているよ。…………………………………………………………99
109 「あのパーティーに出席しておけばよかったのに！」……100
110 「来週の金曜日、仕事を休ませていただけませんか？」…101
111 フランス語を勉強すれば、仕事を見つけるのが楽になるかもしれません。……………………………………………102
112 「聞き取れませんでした。繰り返していただけますか？」103
113 今晩ペーテルは私にあってくれるかしら？ ………………104
114 その日仕事がなければ、彼女とデートできるのに！……105
115 彼は、すでにリーセフィヨルドに出かけました。…………105
116 ヒルデがバス停に到着した時にはバスは既に出発した後で、30分ほど次のバスを待たなければなりませんでした。…106
117 アストリーが東京に来ていたらよかったのに！ …………107
118 1945年、国連が設立されました。……………………………108
119 夜が明けるころにはそれぞれの蜂起の試みが鎮圧された。109

120 学校に入学する前、僕はとてもナーバスだった。……………110
121 じゃあ、代わりに中田さんを出席させて下さい。………111
122 彼女は彼にシグフリーを知っていますかと尋ねました。…112
123 当時、私たちは誰が警察署を襲撃したのか想像もつきませんでした。……………………………………………………113
124 教師は生徒たちに「静かにしなさい」と言いました。……113
125 彼らは子供たちを適切な方法でしつけました。……………114
126 彼は、私にここまで来てほしかった。………………………115
127 一番近い銀行がどこにあるのか地図で教えて下さい。……116
   接続詞類
128 孫たちは、金曜日の夜か土曜日の朝に来る予定です。……117
129 ボールペンも紙も良くなかった。……………………………118
130 彼女には、その噂が真実かどうかわかりませんでした。…119
131 （薄着のまま）外出して寒さに震えるよりも、厚着する方がいいだろう。…………………………………………………120
132 湖が凍っている間、子供たちはそこでスケートをします。121
133 関係省から許可が下りないため、テレビ撮影が延期されます。………………………………………………………………121
134 彼らは四六時中騒いでいました。だから、私は一睡もできませんでした。……………………………………………122
135 「今晩雨になるなら、代わりに映画館に行きましょう。」123
136 彼女の処女作は『知事の娘たち』で、現在では女性解放運動のバイブルとされる。…………………………………124
137 彼らは、今はそれほど寒くないと言いました。……………125
138 ブリックスダールを訪問する時は、ペールのところに泊っています。………………………………………………………126
   前置詞類
139 クリスチャンはハーマルで林業に従事しています。………127

140 ヘムセダールの山小屋を2週間借りました。……………128
141 「面接後、3階の私の事務所まで来てください。」………129
142 3年前にトロムセー大学を卒業しました。………………130
143 そのフラットの前に数台の消防車が止まっていた。……131
144 容疑者は、先週彼女のもとを訪ねていた。………………132
145 お風呂を出た時に、少しめまいがして頭をぶつけました。132
146 天気予報によると、今晩から雪になるということです。…133
147 「1時間で戻ってきます。」……………………………………134
148 ノルウェーとロシアの国境線は196kmに及びます。……135
149 「ところで、君はEU加盟に賛成かい、それとも反対なのかい？」………………………………………………………136
150 水曜日レーロスに行きます。夜間の運転は嫌なので、日中運転します。……………………………………………137
151 彼女がデンマークから帰国して以来ずっと会っていませんね。………………………………………………………138
152 祖父は夏には退院することになっています。……………138
153 朝食の間、家族は前日の洪水による被害について話した。139
154 アメリカに旅立たなければ、彼はその夢をかなえることができませんでした。……………………………………140
155 カトリーネを除く全員がスイスへの研修旅行に参加しました。…………………………………………………………141
156 オルフリーの他、7人が祖母の誕生日に集まります。……142
157 117に電話すると、情報を入手できます。………………143

慣用表現編

158 この町は、北欧最大の大聖堂で有名です。………………144
159 コーレはいつも（習慣として）早く寝ます。……………145
160 それは、君の努力次第です。………………………………145
161 老齢者介護に関しては、デンマークは最も進んだ国の1

つです。……………………………………………………………… 146
162 「もう起きなさいよ、さもないと（学校に）遅刻しますよ。」 147
163 彼の努力にもかかわらず、その計画は成功しなかった。… 148
164 （それを）口にするや否や、彼女は後悔した。…………… 149
165 食べれば食べるほど、人は太ります。…………………… 150
166 なるほど美人だが、とても気難しいそうだ。…………… 151
167 彼は年齢よりも若く見えるため、時々学生に間違われるらしい。……………………………………………………… 152
168 私たちは彼らの開発計画に反対です。第一に貴重な自然が破壊され、第二に多くの税金が用いられるからです。…… 153
169 私が知る限りではオルセン氏が最適ですね。…………… 154
170 この分野では日本が他の国よりも進んでいるという印象があります。……………………………………………… 154
171 不況のため、数人のパート労働者を解雇せざるを得ない。 155
172 率直に言えば、その申し出を断らせていただきたいのです。 156
173 時間がないから、タクシーで行った方がよいでしょう。… 157
174 その容疑者は、結局無罪であることがわかった。……… 158
175 驚いたことに、彼が文学賞を獲得した。………………… 159
176 電池交換は3年程度不要です。…………………………… 160
177 覆水盆に返らず。………………………………………… 160
178 （医者）「どうしましたか？」（患者）「熱があり、頭痛がします。」………………………………………………… 161
179 友人を選ぶ際には、どんなに注意しても注意しすぎだということはない。……………………………………… 162
180 スヴァールバル（群島）が寒いことは言うまでもありません。………………………………………………………… 163
181 彼女は元々女優だったから、人前に出ることに慣れていました。………………………………………………… 164

xi

182 彼に金を貸すなら、海に投げたほうがましだ。………… 165
183 降れば土砂ぶり。(不幸は重なるもの。) ………… 166
184 私は、ノルウェーの物価の高さに驚きました。………… 166
185 翌日になって初めて、私はその事件を知りました。…… 167
186 彼女は、この冬ノルウェーの家族を訪ねる決心をしました。168
187 空気と人との関係は、水と魚の関係に等しい。………… 169
188 『人形の家』は、日本演劇史で重要な役割を果たしました。170
189 あなたが何をしようとも、私はあなたをサポートします。171
190 彼女とは意見が違います。…………………………… 172
191 セキュリティ上の理由により、手荷物検査を行っています。173
192 「今努力しなければ、自分の将来がどうなると思いますか?」173
193 同点にされた時、数千人の観客は非常にがっかりした。… 174
194 (展望台で)「霧で何も見えないよ。」「でも、仕方がないよ。」175
195 私はロシア語がわかりません。ポーランド語なんてなおさらです。……………………………………………… 176
196 「これでいい(正しい)のかな?」……………………… 177
197 3年ぶりの再会を非常に楽しみにしています。………… 177
198 嵐のため、その飛行機は出発できなかった。………… 178
199 彼は自白を強要された。……………………………… 179
200 旅行業界も人手不足です。…………………………… 180
201 彼が当然私たちの提案に同意してくれるものだと思っていました。………………………………………………… 181

解答例(解説を含む)………………………………… 182

文法事項一覧 ……………………………………… 212

> 1. シグールは寝ています。

単語：シグール Sigurd

解説：ノルウェー語で最も単純な文は、主語＋述語動詞で構成されます。日本語では「私」が省略されますが、ノルウェー語では口語の場合を除き、主語が省略されることはありません。また、「～しています／～していました」という（進行形の）表現には現在形／過去形を用います。

例文：1) Sigurd sover.
2) Sigurd ligger.
1) は睡眠している場合、2) は横になっている（必ずしも睡眠していなくてもよい）場合です。

問題：1) ブレーキがかからない。（ブレーキ bremse かかる／効く virke）
2) 光陰矢のごとし。（＝「時間は飛ぶ」と訳します、飛ぶ fly）
3) 時間が経つ。（経つ gå）
4) Sigurd sovner/faller i søvn.（日本語にして下さい）

参考：主語が省略される例としては「時間がない」(Jeg) ha'kke tid/har ikke tid.「想像つかない」(Jeg) aner ikke. など僅かな場合で、いずれも口語表現です。

語彙：（起床関連）目覚める våkne 起床する stå opp うとうとする småsovne

2. 事故は欧州高速道路 E18 号線で起きました。

単語：事故 ulykke 欧州高速道路 18 号線 E 18/europavei 18 起きる skje

解説：主語＋述語動詞（完全自動詞）を用いた文では、必要に応じて情報量を補足するために副詞的要素が加えられます。（「事故は起きました」／「事故は名神高速で起きました」）。格助詞「は」の名詞には基本的に既知形名詞を用います。

例文：1) Ulykken skjedde på E18.
　　　2) Ulykken fant sted på europavei 18.
　　　2) の finne sted も「起こる」という意味です。

問題：1) ポールはそのソファに座っています。（ソファ sofa）
　　　2) 私は田舎に住んでいます。（田舎に på landet）
　　　3) Det skjedde ulykken på E18.（訂正してください）

参考：「事故が起きました」という場合には未知形名詞が用いられます。しかし、この場合、未知形名詞を主語にしないで、形式主語 det を用います。

語彙：（事故・災害）自動車事故 bilulykke 火災 brann 自然災害 naturkatastrofe 地震 jordskjelv 津波 tsunami 土砂崩れ steinras

3. 少女は病気で、先週金曜日からずっと横になっています。

単語：少女 jente 病気 syk/sjuk 金曜日 fredag

解説：主語＋述語動詞＋主格補語の文で、補語に形容詞が用いられる場合、原則として、その形容詞を主語の性や数に一致させます。(副詞が用いられる場合 (問題 3) や 4) など) では、性や数に一致させる必要はありません)。ここでは過去の一時点から状態が継続していることを示すために、現在完了形を用います。

例文：1) Jenta har ligget syk siden fredag forrige uke.
2) Jenta har ligget syk siden siste fredag.
1) ligge syk で「病気で寝ている」という意味です。

問題：1) 彼の娘たちは回復しました。(回復する＝再び元気になる bli frisk igjen)
2) 彼らの息子は、ひどい風邪をひいています。(風邪で forkjølet)
3) (それらの) ケーキは美味しいですよ。(味がする smake おいしい deilig)
4) 「今晩は多くの人を連れてきましたね。」(多くの人を連れて mannsterk)

参考：私の子供という場合 mitt barn、barnet mitt と二通りの表現ができますが、「私の」という意味を強調する場合には mitt barn を用います。

語彙：(健康状態) 元気で opplagt 怪我をして skadet 意識がなく bevisstløs

---

4. その本を受け取りました。

単語：受け取る ta imot/(i)motta
解説：主語＋述語動詞＋目的語の文では、述語動詞と前置詞との

組み合わせで動詞句が構成される場合があります。ta imot/(i)motta のように前置詞が前に置かれ、一語の（一体型）動詞になる場合もあります。dra opp/oppdra のように、その形で意味が異なる（「引き上げる/躾ける」）場合があります。

例文：1) Jeg tok imot boken/boka.
2) Jeg (i)mottok boken/boka.
boken/boka はどちらでも構いません。但し、文章内ではどちらかに統一する（混在させない）必要があります。目的語が関係代名詞の前にある場合には、基本的に imot など i- のついた前置詞を用います。

問題：1) カーリンはイーダに手紙を書きました。(カーリン Karin イーダ Ida)
2) 彼は酒を飲むのをやめました。(やめる holde opp med)
3) 私はそんな結果を想像していませんでした。(想像する tenke seg 結果 resultat)

参考：3) は完了形を用いて書いてください。

語彙：(学習) 読む/勉強する lese 描く tegne 計算する regne

---

5. 母が1着のコートを買ってくれました。

単語：買ってくれる（＝私のために買う）kjøpe コート kåpe

解説：主語＋述語動詞＋間接目的語＋直接目的語の文では、直接目的語に代名詞が用いられている場合や間接目的語が長い場合、前置詞を用いて書き換えられる傾向が見られます。ここでは「私（たち）に」という言葉が脱落していること

に注意が必要です。

例文：1）Mor kjøpte en kåpe til meg/oss.
2）Mor kjøpte en kåpe for meg/oss.

2）の for meg/oss は、母が代金を立て替えていることになります。mor は、この場合 moren でも min mor でも構いません。

問題：1）（あなた方に）よき一年をお祈りしています。（祈る ønske 一年 et år）
2）（君に）一つ頼みごとをしてもいい？（頼みごと／サービス tjeneste）
3）（自分で）それを試してみたらいいよ。（試す prøve）

参考：「願う」ønske、「学ぶ」lære などの動詞の場合、間接目的語＋直接目的語の語順でのみ用います。また、3）は間接目的語がなくても成立する文ですが、間接目的語が加えられると「自分で」という意味が強められます。「言う／話す」という動詞の後の間接目的語が meg/oss の場合 (Hun fortalte (oss) historien.「彼女が（私たちに）その話をしてくれた」)、間接目的語がよく省略されます。

語彙：(mor) 義理の母 svigermor 継母 stemor シングルマザー alenemor

---

6. ハンスはその家畜小屋を白く塗りました。

単語：塗る male 家畜（牛）小屋 fjøs
解説：主語＋述語動詞＋目的語＋（目的格）補語の文で、目的語と（目的格）補語は論理的主部と述部の関係であり、補語として用いられる形容詞を目的語（論理的主部）の性や数

に一致させる必要があります。

例文：1) Hans malte fjøset hvitt.
2) Hans malte stallen hvit.
「家畜（馬）小屋」stall は男性名詞ですから、形容詞は hvit となります。

問題：1) 彼らはその少女をヘッダと名付けた。(名づける kalle)
2) 私はレイフ・エリックです。私のことをレイフと呼んでください。(レイフ・エリック Leif Erik 呼ぶ kalle)
3) 裁判官はその事件でその男性が有罪だとした。(裁判官 dommer 事件 sak 有罪で skyldig)

参考：「AにちなんでBと名づける」は kalle B etter A です。2) の「～ください」は dere kan で構いません。3) の動詞（～とする）には finne を用いて下さい。

語彙：（農家）農家 gård 母屋 hovedbygning 納屋 låve 中庭 tun 耕作する dyrke

7. 彼が寝室から出て行くのを見ました。

単語：寝室 soverom/soveværelse ～（空間）から ut av ～

解説：主語＋述語動詞＋目的語＋（目的格）補語の文で、「見る・聞く」などの知覚動詞が用いられる場合で、「（目的語が）～する/しているのを見る」などのを表現するには、補語の部分に原形不定詞や現在分詞を用います。原形不定詞を用いた表現は、目的語を主語とする従属節に書き換えることもできます。

例文：1) Jeg så ham gå ut av soveværelset.
2) Jeg så at han gikk ut av soveværelset.

2) は、1) を従属節に書き換えた例です。この場合、時制の一致 (gå/gikk) に注意してください。空間から出る場合には ut av を用います。

問題：1) メッテは飛行機が着陸するのを見ました。（メッテ Mette 着陸する lande 滑走路 rullebane）

2) 何人かが試験中にカンニングをしていたことに気付きましたか？（現在完了形で。気づく merke カンニングする fuske 試験 prøve）

3) 私たちは偶然ホーコンが公園を走っているのを見かけました。（見かけました/偶然見た 偶然 tilfeldig(vis) ホーコン Håkon 走る løpe =現在分詞で）

参考：主語＋述語動詞（知覚動詞）＋目的語＋原形不定詞という文では、基本的に目的語の人や物が原形不定詞で示される行為をする一部始終を（例えば）「見ている」という意味になります。原形不定詞の代わりに現在分詞 -ende を用いると、その行動の一部を「見ている」という意味です。

語彙：（感覚表現）感じる føle 匂う lukte 味わう smake 触れる føle/ta på

8. 「今晩は夕食を家で食べないの？」「いや、食べるよ。」

単語：今晩 i kveld 食べる spise

解説：疑問詞の有無にかかわらず、否定疑問文を作る場合には、主語のあとに否定辞を置きます。（但し、Ha'kke du husket det?「覚えていないの？」の例のように口語表現の場

合は、この限りではありません)。否定疑問文に対して肯定的に返答する際には ja ではなく、jo を用います。

例文：1) "Spiser du ikke middag i kveld?" "Jo, det gjør jeg."

2) "Skal du ikke spise middag i kveld?" "Jo, det skal jeg."

1) は、現在形で近未来を表現した例です。

問題：1) 彼女は昨日あなたに電話をしなかったの？（電話する ringe (til)）

2) イーヴァルは何故小包を中国に EMS 便で送らなかったの？（何故 hvorfor 小包 småpakke 現在完了形で）

3) 私は正しくないですか？（正しい rett）

参考：1)「あなた」にはアクセントがないものとして下さい。

語彙：(時間) 今朝 i (dag) morges 昨日の朝 i går morges 明日の朝 i morgen tidlig/tidlig i morgen

---

9.「モルデにはどれぐらい住んでいたの？」「1年半です。」

単語：モルデ Molde 1.5 halvannen

解説：疑問詞がある疑問文でも、主語は述語動詞の後に置かれます。モルデはノルウェー北西部の沿岸部にある町なので、前置詞には i を用います。(内陸部の地名には一般的に på を用います)。

例文：1) "Hvor lenge bodde du i Molde?" "Jeg bodde der i halvannet år."

2) "Hvor lenge har du bodd i Molde?" "Jeg har bodd der i halvannet år."

2）のように現在完了形を用いると、相手がその町に今でもいることになります。期間を示す前置詞 i は省略しても構いません。halvannet år の代わりに et(t) og halvt år としても間違いではありません。

問題：1）調子は如何ですか？（如何 hvordan）
2）何故アンネは一言も言わずに出て行ったの？（一言も言わずに uten å si ett ord）
3）その箪笥はどれぐらい重いですか？（箪笥 skap 重い tung）

参考：病後や手術後に具合的な状況を尋ねる場合は egentlig を加えます。

1という数字を強調する場合 en や ett が用いられます。

語彙：どれぐらい（距離）hvor langt（量）hvor mye（数）hvor mange（頻度）hvor ofte

10.「彼らは来ますよね？」「そう思うけど。」

単語：思う tro

解説：付加疑問文を作る場合、否定辞が含まれない場合 ikke sant を文末に加えます。否定辞の有無にかかわらず、vel は用いることができます。（否定辞が含まれる深疑問文への肯定的な返答には ja ではなく、jo を用います）。

例文：1) "De kommer vel?" "Ja, det tror jeg."
2) "De kommer, ikke sant?" "Jo, det tror jeg nok."
2）の nok は「きっと」という意味です。

問題：1）私はeメールを送りましたよね？（付加疑問文で、eメール e-post）

2) ギーナはあなたに連絡をとっていませんよね？（連絡をとる kontakte）

3) （私の）妻はクローネで払いませんでしたか？（クローネで i kroner 払う betale）

参考：1)「A（アクセントが置かれない代名詞）に B（名詞）を送る」と表現に否定辞を加える場合は sende A ikke B (, vel) とします。sende B til A の場合は sende ikke B til A (, vel) とします。

語彙：(訪問) 訪問する besøke/avlegge et besøk (til 〜)/komme på besøk

---

11. 「ごろごろしていないで、さっさと部屋を片付けなさい。」

単語：ごろごろする dovne seg 片付ける rydde opp さっさと straks

解説：命令文を作る場合には、動詞の命令形を文頭に置きます。「〜しなければなりません」という意味の du/dere må/skal を加えても構いません。「〜するな」という否定命令文の場合 ikke/aldri を文頭に置きます。代わりに、文頭に du/dere må/skal ikke を置いても構いません。

例文：1) "Ikke dovn deg, men rydd rommet ditt straks."

2) "Du må ikke dovne deg, men rydde opp rommet ditt med en gang."

ここでは du を用いましたが、複数形 dere/dere/deres でも構いません。

問題：1) 焦らせないで下さい。(〜を焦らせる mase på)
2) 時間がないので、私の代わりに花を買っておいてください。(〜ので da 〜 ください Vær så snill å/og 〜)
3) 変更データを保存するためにOKボタンをクリックしてください。(保存する lagre クリックする klikke OKボタン OK-knappen)

参考：2) の vær så snill å/og は文頭に置きます。å の後は不定詞を og の後には命令形を用います。3) では for å 〜「〜するために」を用います。

語彙：(無駄/浪費)(お金/時間を) 無駄にする bortkaste penger/tid

12.「なんてあいつは気前がいいんだ！」

単語：なんて så 気前がいい sjenerøs あいつ (ここでは) han

解説：ノルウェー語で最も一般的な感嘆文は så を用いたものです。この場合の語順は Så + 形容詞/(副詞) + 主語 + 述語動詞！です。この他、For + (en/ei/et) + 名詞 (+主語+動詞)！という表現もしばしば用いられます。複数形の名詞の場合には、不定冠詞 en/ei/et が当然省略されることになります。

例文：1) "Så sjenerøs han er!"
2) "For en sjenerøs mann (han er)!"
2) は mann が単数の男性名詞なので、for en となります。

問題：1) ニーナはなんて大きくなったのでしょう！(現在完了形で)
2) 大した魚を釣り上げたものだ！(大した stor 釣り上げ

　　　　る fange)
　　　3) 今日は寒いね！
参考：2) は、魚が小さかった場合の皮肉としても用いることができます。3) は hvor を用いた感嘆文にすることもできますが、Hvor det er kaldt! はノルウェー語では文語的な表現で、一般的な表現ではありません。
語彙：(性格) 気さくな åpen 親切な snill 我儘な egenkjærlig 内気な sjenert

13.「彼女がすぐに来てくれればなぁ。」（待ち合わせ時間を過ぎても来ない場合）

単語：〜なぁ bare/gid すぐに snart
解説：ノルウェー語の願望法は bare/gid を用いて表現します。現在の事実と反することを表現する場合には過去形の動詞を用いますが、未来の願望の場合には現在形の動詞を用います。
例文：1) "Bare hun kom snart!"
　　　2) "Gid hun kom snart!"
　　　待ち合わせ時間が発話時点よりも後の場合には現在形の動詞を用います。
問題：1) 彼がここにいればいいのに！
　　　2) （スキー場で）マリアンネが転ばなければいいけど！
　　　（マリアンネ Marianne 転ぶ dette）
　　　3) 王様万歳！（王様 konge）
参考：3) のような原形不定詞を用いる願望法（祈願文）は、聖

書などに数多く見られます。Skje din vilje!「あなたの御心が成就されますことを！」。

語彙：畜生！Fanden (ta deg)！（願望法（祈願文）の一種です。（悪魔 fanden））

14.「もう今日はノルウェー語の勉強をしたくない。」

単語：もう〜ない ikke lenger 〜したい ville

解説：主節の基本語順は、Hun har ikke lest norsk i dag.「彼女は今日ノルウェー語の勉強をしていません」を例にすると、以下のようになります。

F	V	N	A	V	N	A
主語または他要素	定形動詞	主語（F域にない場合）	文副詞	定形動詞以外	目的語	文副詞以外の副詞
hun	har		ikke	lest	norsk	i dag.
i dag	har	hun	ikke	lest	norsk.	

例文：1) "I dag vil jeg ikke lese norsk lenger."
2) "Jeg vil ikke lese norsk lenger i dag."
3) "Norsk vil jeg ikke lese lenger i dag."

例文で文頭のF域に置くことができる要素は i dag/jeg/norsk の3つです。

問題：1) 彼はゆっくりと意識を取り戻しました。（意識を取り戻す komme seg igjen）
2)「あいにく佐山は出張中です。」（出張中 på forretnings-

reise)

　　3) 来る日も来る日も、彼は酒に手を出していた（酒に手を出す/飲む drikke）
参考：3) の drikke は、目的語が置かれない場合、「お酒を飲む」という意味です。
語彙：（高等教育機関で）研究する studere　学ぶ lære*（*但し lære には「教える」という意味もありますので、「学ぶ」を明確にする場合 lære seg とします）。

---

15. エーギルがボールを打った。

単語：打つ treffe
解説：ノルウェー語の語順は比較的自由なので、場合によっては意味が非常にあいまいになります。例えば Kongen drepte bonden.（drepe「殺す」）では、倒置の可能性もあり、「王が農民を殺した」のか「王を農民が殺した」のかわかりません。この曖昧さを回避するために強調構文がしばしば用いられます。特に曖昧になると考えられる場合、主語が基本的に文頭に置かれると考えます。
例文：1) Egil traff ballen.
　　2) Ballen traff Egil.
　　3) Det var Egil som traff ballen.
　　2) は、一般的に「ボールがエーギルに当たった」と理解されます！ 3) は強調構文を用いた例です。
問題：1) イェンスはグレーテのことが好きだ。（好きだ like グレーテ Grete）
　　2) ノーラはヘッダにオペラ座の前で会った。（オペラ座

14

Operaen)

3) 多くの問い合わせがあるのはその本です。(問い合わせる spørre etter)

参考：1)、2) の場合も強調構文を用いる方がよい例になります。

語彙：(運動) ヘディングする heade 蹴る sparke 投げる kaste ラケットでシャトルコックを打つ slå badmintonballen/fjærballen med racket

---

16. たとえ気が向かないとしても、それでもそれをしなければならない。

単語：たとえ～でも selv om ～ 気が向く ville それでも likevel

解説：従属接続詞、関係詞や疑問詞に導かれる従属節の語順は、基本的に以下の通りです。fordi jeg gjerne vil besøke Skien i år「なぜなら今年シェーエンを訪問したいからです」を例に取ると、以下のように区分されます。

K	N	A	V	V	N	A
従属接続詞等	主語	文副詞	定形動詞	非定形動詞	目的語	文副詞以外の副詞
fordi	jeg	gjerne	vil	besøke	Skien	i år

例文：1) Selv om du ikke vil, skal du likevel gjøre det.

2) Du må likevel gjøre det selv om du ikke har lyst.

従属節を文頭に置く場合、定形動詞の前にコンマを加えます。2) の ha lyst (til å ～) は「～する気がある／～した

い」という意味です。

問題：1) 信頼できないので、彼には何も打ち明けられません。（信頼できる pålitelig 〜ので siden/da 〜 打ち明ける fortelle）

2) 私は何故ペールがここに来ないのかわかりません。（わかる skjønne）

3) 亜美さんがいるなら、あなたも明日のパーティーに顔をだしますか？（パーティー fest 顔を出す/来ます komme）

参考：3) のような従属節がある疑問文の場合、従属節を文末に置くのが一般的です。

語彙：(gjerne) これを下さい Jeg skal ha dette./Jeg vil gjerne ha dette./Jeg skulle gjerne ha dette.（skulle が最も丁寧な表現です）。

---

17. イーダには70歳のおばがいます。おばはオスロに住んでいます。

単語：おば tante 歳 år

解説：女性名詞の殆どは共性名詞（男性名詞と同じ変化）として扱うことができますが、同一文章内ではその扱いに一貫性を持たせるようにする必要があります。

例文：1) Ida har ei tante på 70 år. Tanta (hennes) bor i Oslo.

2) Ida har en tante som er 70 år gammel. Tanten (hennes) bor i Oslo.

1) は女性名詞、2) は共生名詞として扱っています。一貫性がないというのは Ida har *en tante. Tanta* (hennes) bor

i Oslo. のように混同することです。女性名詞には niese 「姪」のように殆ど共性名詞として扱われるものと onn 「収穫期」のように女性名詞としてのみ扱われるものがあります。

問題：1) 私には兄と姉がいます。姉はその中学に通っています。（中学 ungdomsskole）

2) 机の上に一冊の本があります。その本は『幽霊』という名前です。（〜という名前です hete 幽霊 *Gengangere* (イプセンの戯曲名)）

3) アンネおばさんが私たちのところに今日来ます。（来る komme på besøk）

参考：1) の「中学に通っている」には既知形名詞を使用して下さい。

語彙：（家族）親族 slektning 子供 barn 孫 barnebarn ひ孫 oldebarn

---

18. ヘッダは一頭のノルウェー産の馬と二頭の英国産の馬を飼っています。

単語：ノルウェー産 norsk 英国産 engelsk 飼っている ha

解説：不定冠詞 en/et には「1つの」という意味が含まれています。「1」を強調する場合には *én/ett* を用います。（ここでは強調する必要はありません）。

例文：1) Hedda har en norsk hest og to engelske.

2) Hedda har en norsk og to engelske hester.

*en norsk hest og to engelske hester も文法的には間違い

ではありませんが、普段は同じ名詞を繰り返さず、どちらか一方の名詞を省略するようにします。

問題：1）イェンニーはノルウェー語の本を読んでいました。（イェンニー Jenny）

2）あなたは私の全てです。（すべて ett og alt）

3）私たちはどうにかして彼に連絡しなければなりません。（どうにかして på en eller annen måte 〜しなければならない måtte）

参考：1)「数ページ読む」は lese i 〜とします。3) の「〜しなければならない」は være nødt/pliktig til (å) 〜 でも構いません。

語彙：(家畜) 牛 ku 豚 svin 羊 sau ヤギ geit 毛皮を利用する動物 pelsdyr

19. エルセはノルウェー語教師です。

単語：エルセ Else 教師 lærer

解説：可算名詞には不定冠詞を付けますが、先生などの「職業」や日本人などの「国籍」を示す名詞には不定冠詞を加えません。

例文：1）Else er lærer i norsk.

2）Else er norsk lærer.

3）Else underviser (i) norsk.

2) はノルウェー語の先生ともノルウェー人の先生とも理解されます。曖昧な表現を避けるには、前置詞表現が用いられます。科目を示す場合は i です。

問題：1）彼はインド人です。（インド人 inder）

2) 彼女はハンドボール選手でした。(ハンドボール選手 håndballspiller)

3) 私はアメリカ人を1人知っています。(アメリカ人 amerikaner 知っている kjenne)

4) Else lærer norsk.（日本語にして下さい。）

参考：3) のように「1人」を表現するには国籍を表す名詞にも不定冠詞が必要です。

語彙：（科目）数学 matematikk 物理 fysikk 化学 kjemi 地理 geografi

---

20. 朱美は、ノルウェー語を専攻している勤勉な学生です。

単語：専攻する studere/ha ～ som hovedfag 勤勉な flittig

解説：19. で職業などには基本的に不定冠詞を付けないことを説明しましたが、「非常に」という副詞で強調される形容詞（「(非常に) 勤勉な」が加えられている）場合などでは不定冠詞を加える必要があります。

例文：1) Akemi er en flittig student som har norsk som hovedfag.

2) Akemi er en flittig student som studerer norsk.

3) Akemi er en flittig norsk student.

3) の場合、「勤勉な（ノルウェー語の／ノルウェー人の／ノルウェーの）学生」と意味があいまいになります。

問題：1) イングリはわがままな一人っ子でした。(わがままな bortskjemt 一人っ子 enebarn)

2) フローデは、非常に有能なサッカー選手です。(有能な dyktig サッカー選手 fotballspiller)

3) トルモーは、とても有名な児童文学作家です。(トルモー Tormod 児童文学 barnelitteratur 作家 forfatter)

4) Han er en norsk sjømann./Han er norsk sjømann. (日本語にして下さい。sjømann 船員)

参考：4) を考える場合には「非常に」を付けることができる norsk の意味を考えます。

語彙：(性格) 怠惰な doven 賢い flink 熱心な ivrig エネルギッシュな energisk 真面目な alvorlig 頑固な sta 勇敢な modig

---

21. そのフィヨルドにはオスロからバスで行くこともできます。

単語：フィヨルド fjord 行く reise/dra (til)

解説：可算名詞でも、動詞（句）と目的語が密接な関係にある場合には不定冠詞が省略されます。gå på skole「通学する」kjøpe leilighet「アパートを買う」などの表現では一般的に数が問題にされないため、しばしば不定冠詞が省略されます。(単数であることを強調する場合や形容詞がつく場合には冠詞を加えることになります。(De kjøpte et gammelt hus.「彼らは古い家を1軒購入しました」))。

例文：1) Du kan ta buss til fjorden.

2) Du kan reise/dra til fjorden med buss.

「その」フィヨルドと強調する場合には指示代名詞 den

を加えます。

問題：1) 年末頃に自動車を購入する計画があります。(年末 årsskiftet)

2) 6月6日までに日本経済に関するレポートを提出すること！(経済 økonomi レポート stil(oppgave) 〜すること！ skal 〜を提出する levere 〜)

3) 先日、洋子は自転車を購入しました。(先日 her om dagen)

参考：1) 〜3) には、数が問題になる例が含まれています。自動車を2台以上購入する場合もありますが、そのような場合には具体的な数あるいは「数台」を表す noen を加えます。本のように常に冊数が問題にされる場合もありますが、不特定の場合 Jeg skal kjøpe noen bøker. とするのが一般的です。

語彙：(地形) 氷河 isbre 山頂 fjelltopp 滝 foss 高原 vidda 湖 (inn)sjø 川 elve

---

22. 最近再び、ノルウェー西部の沿岸で天然ガスが発見されました。

単語：天然ガス naturgass ノルウェー西部の沿岸で utenfor Vestlandskysten

解説：naturgass は非可算名詞（数えられない名詞）ですので不定冠詞を用いません。

例文：1) Det ble oppdaget naturgass utenfor Vestlandskysten nylig igjen.

2) De har nylig funnet naturgass utenfor Vestlandskysten.

3) *Naturgass ble oppdaget utenfor Vestlandskysten nylig igjen.

1) は受動態を用いた例で、2) は能動態を用いた例です。3) *は、文法的には正しいのですが、未知形名詞 naturgass を文頭に置かれているためにノルウェー語らしくない表現です。

問題：1) まり子は誕生日に金のネックレスを貰いました。(誕生日 fødselsdag ネックレス halskjede 金 gull)

2)「コーヒーを2つ、ココアを1つ下さい。私たちはブラックで飲むので、砂糖とミルクは必要ありません。」(コーヒー kaffe ココア kakao ブラック svart ミルク fløte 砂糖 sukker 必要です behøve)

3) 自信が揺らいでいます。(自信 hovmod 揺らいでいる stå for fall)

参考：コーヒー1杯は en kopp kaffe ですが、日常会話では en kaffe とされます。

語彙：(鉱業) 鉱山 gruve 鉱業 gruvedrift 石炭 kull 石油 olje 原油 råolje 鉱石 malm 銀 sølv 銅 kopper 鉄 jern 鉄鉱石 jernmalm アルミ almininium

---

23. 1789年、フランス革命が起きました。

単語：革命 revolusjon

解説：ノルウェー語では独立定冠詞 den/det/de を付ける名詞は基本的に二重限定 (den ~ revolusjon*en*) にします。しかし

ながら、国籍にかかわる形容詞がある場合や関係代名詞、不定詞あるいは最上級で修飾される場合には、名詞に後置定冠詞を加えずに単独限定 (den ~ revolusjon) にする場合もあります。(特に近年はこのような場合でも二重限定にする傾向がありますが、政府白書（NOU）などではまだ単独限定が用いられています）。

例文：1) Den franske revolusjon(en) fant sted i 1789.

2) Det var en revolsjon i Frankrike i 1789.

2) は、「1789年にフランスで革命がありました」という意味です。

問題：1) ノルウェーの最高峰はガルヘピッゲンと言います。高さは2451mです。

（高い høy ガルヘピッゲン Galhøpiggen 海抜 meter over havet/moh.)

2) ノルウェー国旗が掲揚されます。(旗 flagg 掲揚する heise)

3) 大人は100クローネです。(大人の voksen)

参考：3) は独立定冠詞 de + 形容詞で「〜な人々」を表します。(米国の「ホワイトハウス」は det hvite hus で、二重限定にはしません）。

語彙：(選挙) 選挙 valg クーデター kupp 戦争 krig 内乱 borgerkrig

> 24. 劇作家イプセンにはノーベル文学賞が授与され
>   ませんでした。

単語：劇作家 dramatiker ノーベル文学賞 Nobels litteraturpris 授与する tildele

解説：世界的に有名な芸術家らを表現する際には「画家ムンク」maleren Munch のように既知形の職業名＋個人名にします。但し、有名でない人の場合には未知形名詞を用いますが、有名かどうかという判断基準は非常にあいまいです。

例文：1) Dramatikeren Ibsen ble ikke tildelt Nobels litteraturpris.

2) Nobels komite tildelte ikke dramatikeren Ibsen Nobels litteraturpris.

問題：1) 大工のヨンセンさんがこの家を建てました。(大工 snekker)

2) 哲学者ニーチェは批評家ブランデスを介して劇作家ストリンドベリと知り合いました。(哲学者 filosof ニーチェ Nietzsche 批評家 kritiker ブランデス Brandes ストリンドベリ Strindberg)

3) 農家のバッケンさんはブルーベリーを栽培しています。(農家 gårsbruker ブルーベリー blåbær 栽培する dyrke バッケ Bakke)

参考：1) と 3) は有名人ではない例です。

語彙：(芸術) 芸術家 kunstner 作曲家 komponist 彫刻家 billedhogger 陶芸家 keramiker 作家 forfatter ピアニスト pianist 歌手 sanger/sangerinne

25.「イーヴァルの先生がヨンで、ラーシュの先生がヤンだよ。」

単語：先生（男性／女性）lærer/lærerinne ヨン Jon イーヴァル Ivar ヤン Jan

解説：所有表現をする場合、通常は名刺の語尾にsを加えます。但し、名詞の語尾が –s、-sj、-sch、-x、-z の場合には、s ではなく、' を加えて Lars' のようにします。

例文：1) "Ivars lærer heter Jon, og Lars' (lærer) heter Jan."
2) "Læreren til Ivar heter Jon, og læreren til Lars heter Jan."
Jon と Jan は男性なので lærerinne (-inne は女性を示す) は用いません。

問題：1) ノルウェーの法務大臣が先日日本を訪問しました。（法務大臣 justisminister）
2) ノルウェーの代表チームはサッカーワールドカップに参加します。（代表チーム landslag サッカーのワールドカップ verdensmesterskapet i fotball）
3) フォッセの新しい本は販売中です。（フォッセ Fosse 販売されて til salgs）

参考：1) は Norges を用いて下さい。2) は norsk を用いても書くことができます。

語彙：（教員）補助教員 hjelpelærer/assitent 校長 rektor 保育士 førskolelærer

> 26. ホーコン7世は、1905年にノルウェー国王に即位（戴冠）しました。

単語：ホーコン7世 Haakon VII (den syvende) 戴冠する krone 国王 konge

解説：前置詞による所有表現は til が一般的ですが、i, av, på, over などの前置詞も名詞の種類や意味に応じて使用されます。

例文：1) Haakon den syvende ble kronet til konge av Norge.
2) Haakon VII ble innviet til Norges konge.
国王は世襲制なので av を用います。総理大臣は世襲制ではないので statsministeren i Norge となります。

問題：1) オスロの地図でその大聖堂までの道を教えてください。（地図 kart 大聖堂 domkirke 教える vise）
2) オスロ市庁舎の色はこげ茶色ですよね。（市庁舎 rådhus こげ茶色 mørkebrun 色 farge）
3)（投稿文）私は13歳の少女ですが、なぜこの国でそれが禁止されているのかわかりません。(13歳の少女 jente på 13 禁止する forby(de) わかりません＝不思議に思う lure på）

参考：2) や 3) のように特徴/特性を示す場合の前置詞は på です。前置詞による表現は、brevet til Ibsen（イプセンの所有する手紙、イプセンへの手紙、イプセンが書いた手紙）のように、場合によっては非常にあいまいな表現になります。他の所有表現の方が明瞭かどうかを考慮する必要があります。

語彙：2時間後という表現ですが、今（現時点）から2時間後の場合は om to timer、過去の一時点から2時間後の場合には etter to timer となります。

27.「これは誰の本？」「きっとレーネのだよ。」

単語：きっと nok

解説：「誰の〜」と表現する場合は口語では hvem sin/sitt/sine が用いられます。文語では hvem eier 〜「誰が持っているの？」というような表現に書き換えられるのが一般的です。所有形の再帰代名詞 sin/sitt/sine はその後に置かれる名詞に一致させる必要があります。

例文：1) "Hvem sin bok er den her?" "Det er nok Lene sin (bok)."
2) "Hvem eier denne boka?" "Det er Lenes."
1) は口語的で、2) は文語的と言えます。

問題：1)「誰のミスだったの?」「車掌のだったよ。」（ミス feil 車掌 konduktør）
2) ベーリットの義弟はノルウェー銀行で働いています。（ベーリット Berit 義弟 svoger ノルウェー銀行（固有名詞）Norges bank）
3) 3児の母親の弁護士はその成り行きに懸念していました。（弁護士 advokat 3児の母 trebarnsmor 成り行き utvikling 〜を懸念して bekymret (for)）

参考：3) は前置詞 til を用いて書くのが一般的です。

語彙：(本) 辞書 ordbok 百科事典 leksikon 参考書 oppslagsbok

28. 「21-7はいくつですか？」

単語：いくつ（ここでは）hva

解説：ノルウェー語の数詞には syv/sju、tyve/tjue、tredve/tretti など2通りの書き方のあるものがありますが、前/後の数詞を同一の文（章）内で混同して使用することはできません。後者を使用する場合には1桁目の数字を最初に置き、og を加えて2桁目の数字を並べて一語として書きます。

例文：1）Hva er enogtyve minus syv?

2）Hvor mye er enogtyve minus syv?

3）Hva er sju fra tjueen?

40も førr と førti が同じく存在しますが、førr の使用頻度は高くありません。

問題：1）7 × 5 = 35（× gange/multiplisert med）

2）40 ÷ 2 = 20（÷ dividert/delt på）

3）6 + 9 = 15（+ pluss）

参考：「～で（割る）」の前置詞は med を用います。

語彙：ノルウェーでは、小数点は（.）ではなく（,）が用いられます。3桁毎の区切りには逆に（.）が用いられます。（日本式 123,456.00/ノルウェー式 123.456,00）。割り算の記号（÷）の代わりに（:）が用いられる場合があります。

29. 私は1台のスウェーデン製カメラを所有しています。それは新製品です。

単語：カメラ kamera/fotoapparat
解説：代名詞 den/det/de は、原則的にそれぞれ前述の名詞を受けます。この場合のカメラは単数形の中性名詞ですから「それ」には det を用います。
例文：1) Jeg har et svensk kamera. Det er helt nytt.
2) Jeg har et svensk fotoapparat. Det er helt nytt.
1) helt は ny を修飾する強意の副詞です。nyhet には「ニュース」という意味だけでなく「新製品」という意味がありますが det er en nyhet とはしません。
問題：1) 私たちの動物園には数頭のライオンの子供がいます。それらはこの春に生まれました。(動物園 zoologiske hage ライオンの子供 løveunge 産む føde 春に i vår)
2) オーロラを初めて見ましたが、非常に印象的でした。(オーロラ nordlys 印象的 imponerende)
3) 犠牲者総数は200人にも及びます。彼らの多くはホテルの宿泊者です。(総数 antall 犠牲者 de(n) omkomne ホテルの宿泊者＝ホテルに泊まっていた/住んでいた者)
参考：「～にも及ぶ」は så mange som ～ や opp til で表現できます。児童総数は antall elever と表現します。
語彙：(機器) デジタルカメラ digitalkamera ビデオカメラ videokamera パソコン datamaskin/PC プリンター skriver 携帯電話 mobiltelefon

> 30.「この夏はスヴァールバル（群島）にいたの？」
> 「いいえ、いませんでした。」

単語：いる oppholde seg スヴァールバル（群島）Svalbard

解説：代名詞の det は前文の内容を受けることにも使用されますが、このような場合には den/de は用いられません。

例文：1) "Oppholdt du deg på Svalbard i sommer?" "Nei, det gjorde jeg ikke."

2) "Var du på Svalbard i sommer?" "Nei, det var jeg ikke."

2) のように være を用いることもできますが、その場合、返答にも være を用いることになります。一般動詞の場合には代動詞 gjøre を用います。

問題：1)「今日の夕食は何でしょう？」「わかりません。」（夕食 middag）

2)「これまでにトロンヘイムを訪れたことがありますか？」「ええ、あります。1990年代に1度ニダロス大聖堂を訪れました。」（トロンヘイム Trondheim ニダロス大聖堂 Nidaros）

3) 3人の学生が授業に遅刻をしました。それで先生は怒りました。（〜を怒らせる gjøre 〜 sint）

参考：「これまでに」は「以前に」と訳すことができます。3) の後半の文は「それが先生を怒らせました」という文として書いてください。

語彙：（季節）春 vår 秋 høst 冬 vinter 早夏 forsommer 晩夏 sensommer

> 31. 1台の自動車が私たちを追い抜いて行った。時速100キロは出ていた。

単語：追い抜く kjøre forbi 出ていた＝出していたに違いない må (ha)

解説：以前にも記しましたが、ノルウェー語では「1台の自動車」などの未知形名詞や noe/noen の代名詞を主語に用いることを避け、形式主語 det を用います。（未知形名詞を主語として用いることも間違いとは言い切れませんが、ノルウェー語らしいとは考えられません。）存在や生起などを表現する場合にはしばしば形式主語が用いられます。

例文：1) Det kjørte en bil forbi oss. Den må ha kjørt 100 kilometer i timen.

2) Det var en bil som kjørte forbi oss. Den må ha kjørt 100 kilometer timen.

2) の例文は「追い越して行った自動車が1台あった」という意味です。

問題：1) 壁には3枚の美しい絵がかかっています。（美しい vakker かかる henge）

2) 電話をかけた時にはそのコンサートのチケットは全く残っていませんでした。（残って igjen）

3) その村には有名な吊り橋がありました。（吊り橋 hengebru）

参考：2) の「全く～ない」は ikke noen で表現します。

語彙：(事故) 衝突する kollidere 道路からはみ出る kjøre ut 転倒する velte 脱線する avspore 墜落する styrte

> 32. これから夏至まで、ますます明るくなります。

単語：明るい lys 夏至 sommersolverv

解説：明暗、天候、距離などを示す場合も、非人称主語の det を使用して表現します。

例文：1) Det blir lysere og lysere fram til sommersolverv.

2) Det lysner mer og mer fram til sommersolverv.

2) の lysne は「明るくなる」という意味の動詞です。この場合には mye の比較級 mer を用います。fram は「この先の（～まで）」という意味です。

問題：1) ここからハーフィエルまで約200キロメートルです。電車で2時間ぐらいだと思います。(ハーフィエル Hafjell 10キロ mil 電車で med tog)

2) 昨日までは曇天でしたが、今朝から土砂降りになりました。(曇天 grått vær 土砂降り øsregn)

3)「今何時ですか？」「10時半ですよ。」「そんなに遅いのですか？」

参考：3) のような時間の表現には英語では it が用いられますが、ノルウェー語では det を用いませんので注意して下さい。

語彙：(祝祭日) クリスマス jul クリスマスイブ juleaften 大みそか nyttårsaften 元旦 nyttårsdagen 復活祭 påske キリスト昇天祭 Kristi himmelfartsdag 憲法記念日 (syttende mai) Grunnlovsdagen

33. 「ご機嫌いかがですか？」「おかげさまで。」

単語：元気で bra

解説：話し手と聞き手の相互間で理解している漠然とした状況を指す場合にも det を用います。

例文：1) "Hvordan står det til (med deg)?" "Bare bra."
2) "Hvordan går det (med deg)?" "Veldig bra."
3) "Hvordan har du det?" "Bare bra."

実質的なことを質問しているのではなく、あいさつ代わりの言葉なので返答には「調子が悪い」dårlig などを用いません。病後などに「実質的」な体調を尋ねる場合には文尾に egentlig を加えます。Veldig bra の前後に takk が加えられる場合もあります。

問題：1) 落ち着きなさい。(落ち着き ro 落ち着いて rolig)
2) 大丈夫だよ。(正しく an)
3) (電話で)「どなたですか？」「安川シーメンスオートメーション・ドライブ株式会社の山本と申します。」

参考：1) と 2) は決まった表現です。「A社の何某」という場合には NN fra A と表現します。3) は、人を導く det と呼ばれる用例です。Hvem er hun?「彼女はどなた？」への返答には Hun er 〜 ではなく、Det er 〜 を用います。

語彙：(状態) まあまあ (＝最悪ではありません) Ikke så verst/dårlig.

34. （誰かが）扉をたたく音がしました。

単語：（扉を）たたく/ノックする banke
解説：能動文の主語が不特定の人物である場合で、行為者ではなく、行為そのものに焦点が当たる場合には主語に det が用いられます。この場合 noen を用いて書き換えることもできます。（この場合 noen は「数人」ではなく「1人」の意味で用いられ、不特定の人物の存在に焦点があてられることになります。）
例文：1) Det banket på døra.
　　　2) Det var noen som banket på døra.
解説：民話などで「人以外のもの」、例えば「トロル（物の怪）」などがドアを叩く想定であれば noe が用いられます。
問題：1) ドアのベルが鳴っています。（ベルがなる ringe）
　　　2) 今月はノルウェー劇場には多くのすばらしい作品が上演されていますね。（ノルウェー劇場 Det Norske Teatret 上演する forestille）
　　　3) 一晩中踊りが続いた。（踊る danse）
参考：3) は、自動詞が受動態として扱われる特殊な例です。
語彙：（妖精/妖怪）幽霊 spøkelse ネッケ nøkke フルドレ huldre ドラウグ draug ニッセ nisse 魔法使い/魔女 hekse

35. シートベルト着用は義務です。

単語：シートベルト sikkerhetsbelte 義務で obligatorisk
解説：英語の it ~ for ~ to に相当するノルウェー語は det ~ for

～ å で表現します。英語と同じく for ～ の要素がしばしば省略されます。

例文：1) Det er obligatorisk å spenne fast sikkerhetsbeltet.
2) Å spenne fast sikkerhetsbeltet er obligatorisk.
2) のように å ～ が単独で文頭に置かれる場合にも det が加えられる場合があります。

問題：1) そのため、彼はその朝早くに起きることがとても困難だった。(そのため derfor 朝早く tidlig på morgenen)
2) お知り合いになれて光栄です。(光栄な gledelig)
3) イーナにハルデン郊外で会ったのには驚いた。(能動態で、イーナ Ina 驚かす overraske ハルデン郊外 utenfor Halden)

参考：3) は det ～ å の述語動詞が必ずしも være でなくてもかまわない例です。

語彙：(交通) 運転免許証 førerkort 飲酒運転 promillekjøring

36.「長い間待ってくださって（あなたは）本当に優しい方ですね。」

単語：～を待つ vente på 優しい snill
解答：34. に関連し、行為ではなく、人の性格や性質などに言及する形容詞（優しい、不注意な、など）が用いられる場合には、前置詞 for の代わりに av を用います。

例文：1) "Det var så snilt av deg å vente på meg så lenge."
2) "Det var så snilt at du ventet på meg så lenge."
2) は、節で書き換えた例です。

問題：1) 自動車に鍵を置き忘れるとは不注意だったね。(置き忘れる legge igjen/glemme 不注意 uforsiktig)
2) こんなことをしでかすなんて彼女は本当に愚かだ。(愚かな dum)
3) とにかくカーリーには日本でのしきたりを理解する必要がありますね。(とにかく rett og slett しきたり skikk og bruk)
参考：問題には for を使用する例が含まれています。
語彙：(性格) 厳しい slem (mot) 優柔不断な ubesluttsom 信頼できる troverdig

---

37. 彼がエルヴェルムでの心臓病の会議に参加しないのは残念なことです。

単語：残念な beklagelig ～に参加する delta i～ 心臓病 hjerte- og karssykdommer
解説：å 不定詞、om/at 節や hv- で始まる疑問詞に導かれる句や節などを主語にする代わりに、一般的に det を主語に置いた（外置）構文が用いられます。
例文：1) Det er beklagelig (at) han ikke deltar i konferansen om hjerte- og karsykdommer på Elverum.
2) At han ikke er med i konferansen om hjerte- og karsykdommer på Elverum er uheldig.
外置構文の at は省略することもできますが、2) のように文頭に置く場合には省略できません。また、2) の at の前に det がしばしば置かれます。

問題：1）クリスマスに雪が降るというのはロマンチックですね。
（ロマンチック romantisk 雪が降る snø）
2）たった半年で彼がスペイン語をものにしたなんて信じられない。（〜をものにする (lære seg å) mestre）
3）あの党首が自分の話したことを守るかどうかはまったく別の問題です。（党首 partileder 守る stå ved 話したこと＝自分の言葉 sitt ord）

参考：2）は「たった半年」と時間を強調しなければなりません。
3）は det 〜 at の 〜部分に形容詞以外が入る例です。

語彙：（健康）吐き気を催す føle seg kvalm 寒気がする fryse 気分が悪い føle seg dårlig 目眩がする føle seg/bli svimmel 〜が痛い ha vondt i 〜

---

38. （私は）金曜日までにそれを終了させるのが不可能だとわかった。

単語：わかる finne 終了させる gjøre noe ferdig/ferdiggjøre
解説：この例文のように目的語に相当する部分が「金曜日までにそれを終了させること」のように長い場合には、det を形式目的語として用いる場合があります。
例文：1）Jeg fant det vanskelig å gjøre det ferdig innen fredagen.
問題：1）彼の遅刻（彼が遅れてきたこと）で、私たちがその電車に乗るのが難しくなった。（電車に乗る ta tog）
2）ホルベアを2ページ読んだ時、その本を日本語に翻訳することが簡単ではないと分かりました。（ホルベア Hol-

berg 翻訳する oversette）

3) 帰国後、日本語を維持するのがどれほど難しいことかを理解した。（維持する vedlikeholde 帰国 hjemkomst）

参考：3) の「どれほど〜か」は hvor で始まる感嘆文を用いてください。

語彙：(-gjøre) 説明する redegjøre 実現する virkeliggjøre 終了する ferdiggjøre

---

39. 申請書を送付していただきたく存じます。

単語：申請書 søknadsskjema

解説：書簡での連絡を想定している場合で面識のない相手に差し出す場合には、敬称 De/Dem を用います。文中でもDを大文字で書くことに注意して下さい。敬称は初回時のみに使用し、二回目からは用いません。二回目以降に敬称を用いると、逆に「距離を置きたがっている」と理解されてしまいます。

例文：1) Jeg vil med dette be Dem (om å) sende meg et søknadsskjema.

2) Jeg skulle med dette be Dem (om å) skaffe meg et søknadskjema.

2) のように過去形を用いる方が丁寧になりますが、丁寧の程度を考える必要もあります。受動態を用いた De bes (om å) sende meg 〜 も命令表現になるので、このような場合には用いません。

問題：1)「お名前をいただけますでしょうか？」（丁寧な表現で）

2) ざっと見て、会社に経済的な余裕があるかどうか判断

していただけませんか？（ざっと見る regne over 経済的な余裕 råd 判断する（ここでは se）

3)（紳士淑女の）皆さま、着席願えますでしょうか？（座る sette seg 丁寧な表現で）

参考：因みに「紳士淑女の皆様」は「（私の）淑女がたおよび紳士がた」とします。

語彙：(sende) 〜に視線を送る sende et øyeblikk til 〜 市場に導入する sende ut på markedet

---

40. マリアは立ち上がると、一言も言わずに出て行った。

単語：マリア Maria 立ち上がる reise seg

解説：再帰代名詞は、人称に応じて変化させる必要があります。

例文：1) Maria reiste seg og gikk ut uten å si ett ord.

2) Maria reiste seg og kom seg ut av rommet uten å si noe.

主語が Maria（三人称）なので seg を用います。

問題：1) 交差点を横断する場合はいつも自動車に注意しなければなりません。（〜場合はいつも＝〜の度に hver gang 注意する passe seg）

2) 彼らは先週婚約しました。（婚約する forlove seg）

3) 上司は彼に自分の計画を詳細な説明を行うように求めました。（説明する redegjøre 詳細に nærmere 求める be）

参考：3) は再帰代名詞の所有形を用いる例です。ノルウェー語でも「自分の」が上司なのか彼なのかが不明瞭になる例文

です。
語彙：（生活）婚約する forlove seg (med) 結婚する gifte seg (med) 離婚する la seg skille (fra)

---

41. ポールは（それを）知りませんでした。

単語：ポール Pål

解説：Pål vet det. に否定辞が加わる場合、det にアクセントが加わるかどうか（強調されるかどうか）によって ikke の場所が異なります。例文のように（それを）が省略される場合、つまりアクセントが置かれない（強調されない）場合には代名詞の後に否定辞が置かれることになります。

例文：1) Pål vet det ikke.
2) Pål vet ikke dét.
3) Det vet ikke Pål.

2) は det にアクセントが置かれる場合です。3) では det が文頭にあるため、アクセントがある（強調されている）と考えます。

問題：1) 姪はヘッダを知りませんでした。甥も（彼女のことを）知りませんでした。(姪 niese イレーネ Irene 甥 nevø ～もない ikke heller)

2) シッセルは夜遅くまで横になりませんでした。(横になる legge seg 夜遅く til langt på natt)

3) 「それを知りませんよ、私はね。」

参考：固有名詞にはアクセントが置かれますが、「彼女を」henne にはアクセントが基本的に置かれません。3) は主語を繰り返すノルウェー語例です。

語彙：AとBを区別する kjenne A fra B（場所を覚えている）kjenne seg igjen 知りません Det kjenner jeg ikke til.

---

42. （窓ガラスを割ったのは）私です。

単語：窓ガラス vindu(srute) 割る knuse

解説：「私です」という場合、主格 jeg と目的格 meg の2つの場合 Det er jeg/meg. が考えられます。このような場合にどちらを使うのかを考える際は（）内の主語となるのか、それとも目的語となるのかどうかで判断します。

例文：1) Det er jeg (som har knust vinduet).

2) Det er jeg (som har knust vindusruten).

som (har knust --) 部分の関係代名詞は主格なので jeg を用います。

問題：1) それをしたのは彼女です。

2) オッドがそれをさせたのは彼女です。（AにBをさせる få A til å gjøre B）

3) ノルウェーで民話を採集したのはアスビェルンセンとモーです。（民話 folkeeventyr 採集する samle inn アスビェルンセン Asbjørnsen モー Moe）

参考：3) の folkeeventyr には複数既知形を用います。

語彙：（壊す）（怒って意図的に）花瓶をこなごなにする slå istykker en blomstervase / smadre en blomstervase 骨を折る knekke/brekke be(i)na

43. そのドレスを是非試着してみてください。

単語：試着する prøve 是非〜する måtte gjerne
解説：「自分で」「自分のために」というニュアンスを強めるために、動詞の後に再帰代名詞を加えることがあります。但し、これは動詞に依存する表現です。
例文：1) Du må gjerne prøve kjolen.
　　　2) Du må gjerne prøve på deg kjolen.
　　　2) の方が「ご自身で」というニュアンスが強くなります。
問題：1) マーリットはローマで自分のためにスカーフを買いました。(ローマ Roma スカーフ skjerf)
　　　2) ここなら喫煙してもいいですよ。(喫煙する ta (seg) en røyk/røyke)
　　　3) 汝は隣人を汝のごとく愛するのです。(愛する elske)
参考：1) のように再帰代名詞を強調する場合には代名詞の後に selv を用います。
語彙：(衣服) 紳士服 herreklær 婦人服 dameklær 子供服 barneklær 毛織物 ulltøy 綿織物 bomullstøy 絹織物 silketøy

44. （子供に）「そろそろ自分のベッドで寝なさいよ！」

単語：自分（自身）の egen/eget/egne
解説：「自分の」を強調するために egen/eget/egne が用いられますが、これらを使用する場合には、*sengen din* egen の

ように所有代名詞を既知形名詞の後に置くことはできません。egen は性や数に応じて変化させる必要があります。
例文：1) "Nå må du sove i din egen seng."
2) "Nå må du legge deg og sove i din egen seng."
問題：1) 彼らはその事故を自分の目で見ました。(目で med øyne)
2) 私たちは自己責任でそれを行いました。(責任 ansvar)
3) つまり、そのグループには独自の見解があります。(見解 oppfatning つまり nemlig)
参考：3) の oppfatning は複数形を用いてください。
語彙：(要約) つまり/すなわち det vil si/nemlig 要するに for å si det kort/enkelt

---

45. シグルンの妹は、ベルゲンで両親と同居しています。

単語：シグルン Sigrunn
解説：ノルウェー語には三人称の所有代名詞に再帰形 sin/sitt/sine「(主語) の」が存在します。例えば Taro skriver の後が med pennen *sin*（再帰形）なら太郎自身のペンで、med pennen *hans* なら別の男性のペンでという意味になります。
例文：1) Søstra til Sigrunn bor sammen med foreldrene sine i Bergen.
2) Sigrunns søster bor hos foreldrene sine i Bergen.
Sigrunn sin søster としても構いませんが、口語的な表現

になります。hos は「〜のもとに」という意味です。

問題：1）彼らはそれぞれ自分の道を進んだ。（道 vei）

2）私たちはそれぞれ自分の道を進んだ。

3）彼は自分の新しいネクタイがたいそうお気に入りだった。（ネクタイ slips お気に入りです like）

参考：2）では2通りの書き方が可能です。3）の「自分の新しいネクタイ」の2通りの表現を考えてください。一方は sitt nye slips です。

語彙：（滞在する）滞在する oppholde seg/bli/bo (midlertidig) 住む bo 定住する bosette seg

---

46. アスケラッデンと（彼の）仲間は冒険に出かけました。

単語：アスケラッデン Askeladden 仲間（ここでは）brødrene 冒険 eventyr）

解説：アスケラッデンと彼の（主語の）仲間という意味ですが、主語には再帰形の所有代名詞を用いることができません。ここでは「彼の」hans を用います。

問題：1）私の兄と（彼の）許嫁は一週間後に挙式をあげる予定です。（許嫁 forlovede 挙式 bryllup）

2）クヌートと（彼の）いとこはちょうどアイスランドから帰国したところです。（いとこ fetter アイスランド Island）

3）クヌートは（自分の）いとこと一緒にちょうどアイスランドから帰国したところです。

参考：2) を参考にしながら、3) のように再帰形の所有代名詞を使用した文を考えてみてください。

語彙：(人間関係) 配偶者 ektefelle 仲間 kompis (仕事の) 同僚 (arbeids) kollega 学友 (skole) kamerat

---

47. 道路の向こう側（反対側）を歩いている男性は、私の隣に住んでいます。

単語：〜の隣に ved siden av 〜

解説：現在ノルウェー語の関係代名詞としては som が最も用いられます。制限用法（関係代名詞節による制限）の場合、先行詞に指示代名詞が一般に加えられます。関係代名詞節に修飾される場合、先行詞（ここでは den mannen）の二重限定が解除される (den mann) 場合があります。目的格の関係代名詞は殆ど省略されます。

例文：1) Den mannen som går på den andre siden av veien, bor ved siden av meg.

2) Den mannen som går på den andre siden av gata, er naboen min.

関係代名詞 som で修飾される場合、二重限定にされないこともあります。

問題：1) 修理される予定の時計はそこにあります。(修理される repareres)

2) 一昨年に東京で私たちを訪問したスサンネさんにオスロで昨日挨拶しました。(一昨年 forfjor 〜に挨拶する hilse på 〜 スサンネ Susanne)

3) 彼がその町で出会った少女は、日本語ができました。
(〜ができる (動詞で) kunne)

参考：2) は共に過去形動詞を用います。3) は目的格を使用する例です。

語彙：道路を横断する gå over gata、krysse veien 道路を遮断する sperre veien 出発する legge i veien

---

48. あの俳優は、国民舞台劇場にペール役ででていますが、私の長年の友人です。

単語：俳優 skuespiller 国民舞台劇場 Den Nasjonale Scene 〜の役を演じる spille 〜 長年の＝古い gammel

解説：関係代名詞が先行詞を修飾する制限用法ではなく、補足的に説明を加える非制限用法の場合は、先行詞に指示代名詞を加えず、関係代名詞の前にコンマを加えます。(但し、制限用法と非制限用法の区別もそれほど明確ではありません)。

例文：1) Skuespilleren, som spiller Peer på Den Nasjonale Scene, er en gamle venn av meg.

2) Skuespilleren, som spiller Peers rolle på Den Nasjonale Scene, er min barndomsvenn.

spille でも「〜を演じる」という意味があります。barndomsvenn は「竹馬の友」という意味です。

問題：1) その10歳の子は、クリストファーの娘ですが、英語を流暢に話します。(10歳の子供 tiåring クリストファー Christopher 流暢に flytende)

2) その木造教会は、ウルネスにありますが、国連の世界遺産リストに載っています。(木造教会 stavkirke ウルネス Ornes 国連の世界遺産リスト FNs kulturminneliste)

3) ロングイヤービーエンは、北緯78度にありますが、今でも非常に寒いです。(ロングイヤービーエン Longyearbyen 北緯78度 78 grader nord)

4) ここで語られる男は自らの教区で一番の有力者でした。(語られる fortelles om 一番の有力者 den mektigste 教区 prestegjeld ビョルンソン『父』冒頭)

参考：2) の教会名は Urnes stavkirke ですが、Ornes という集落にあります。4) はビョルンソンの『父』の冒頭部分です。

語彙：(演劇) 喜劇 komedie 悲劇 tragedie 悲喜劇 tragikomedie どたばた劇 (grov) farse

---

49. この世にあるすべてのものを手に入れることなんてできない。

単語：すべてのもの alt

解説：du でも構いませんが、ここでは主語「人は」に man または en を用います。man は基本的に主語にしか用いられません。en は目的語としても使用されます。所有格は ens で表現します。man と en の違いは、後者にはより自分 (私) を含むニュアンスがあるとされます。

例文：1) Man kan ikke få alt her i verden.
2) En kan ikke få alt her i verden.

問題：1) 生きている限り、人は学ぶ。(生きている leve 学ぶ

lære)

2) 人はこのようなことはしない。

参考：man を用いても en を用いても構いません。

語彙：(få) 様子を見よう Vi får se./Vi skal vente og se. できない Jeg får det ikke til. 希望をかなえる få sitt ønske oppfylt 彼らは結婚を解消した De fikk oppløst ekteskapet.

---

50. 彼はいつもお腹をすかしていますが、私にはそれが理解できません。

単語：いつも alltid お腹をすかして sulten

解説：「それが」は前文の内容「彼はいつもお腹をすかしている」をさすものです。このように前文の内容を指示する場合 noe som または hva を用います。場合によっては noe som の som が省略されます。また、この例文を2つの文に区切って det を用いて表現することもできます。

例文：1) Han er alltid suten noe som jeg ikke kan skjønne.

2) Han er alltid sulten hva jeg ikke kan forstå.

3) Han er sulten til alle tider. Det kan jeg ikke forstå.

一語句を指示する関係代名詞 som とは異なる働きをします。

問題：1) 私はその講習会に参加しましたが、あなたもそうすべきですよ。(講習会 kurs 参加する gå på ～すべき burde)

2) 彼はパンを焼けますが、私にはそれができません。(パンを焼く bake)

3) 佳耶は1日10時間寝ますが、私にはそれができません。(寝る sove)

参考：noe または hva を用いて表現して下さい。

語彙：(tid) 時間をかける ta sin tid そろそろ～する時だ tiden er inne for (å) ～

---

51. その問題の責任がだれにあるのかわかりません。

単語：～の責任がある være ansvarlig for 問題 sak わかる（ここでは）ane

解説：「想像もつきません」Jeg aner ikke *det*. と「誰にその責任があるのか」Hvem er ansvarlig for saken? を組み合わせてみます。(Jeg aner ikke (*det* =) *hvem er ansvarlige for saken.*)。hv- で始まる疑問詞が従属節の主語として使用されている場合には直後に som を加える必要があります。目的格として疑問詞が用いられる場合「彼はなにをしたいのかわかりません」Jeg vet ikke *hva* han vil. のような場合、som は基本的に省略されます。

例文：1) Jeg aner ikke hvem som er ansvarlig for saken.
2) Hvem som har ansvar for saken er ukjent.
2) の ukjent は「知られていない」という意味です。

問題：1) 何が問題（障害）なのかわかりません。(問題（障害）になっている stå i veien わかる se)
2) 私も誰がここに来るのかも知りません。
3) ここで何が一番売れているのか知りません。(一番売れている bli mest solgt)

参考：2) の「～もない」は heller ikke で表現します。

語彙：(kjenne) 彼がどのような人物なのか知りません Jeg kjenner ham ikke./Jeg vet ikke hvordan han er. 人物／町を知

49

っている kjenne personen/byen

> 52. 父親がバス運転手の少年は、どうにかして問題を解決しなければなりません。

単語：バスの運転手 buss-sjåfør どうにかして på en eller annen måte 問題を解決する løse et problem

解説：関係代名詞の所有格は hvem sin/sitt/sine で一般に表現されますが、口語的表現です。主格や目的格の関係代名詞を用いた書き換えが一般的です。(以前は hvis という関係代名詞の所有格がありましたが、今日では使用されていません)。

例文：1) Gutten, som har en far som er buss-sjåfør, må løse problemet på en eller annen måte.

参考：文法的には hvem sin far er buss-sjåfør という表現を用いることもできますが、一般的な表現ではなくなってしまいます。

問題：1) 昨日お会いした夫人の旦那さんは単身赴任中です。(単身赴任している bo fjernt fra familien på grunn av arbeidet sitt)

2) 尖塔が森の向こうに見える教会は1500年代に建造された。(尖塔 tårn 森の向こうに over skogen 1500年代 i 1500-tallet)

3) 赤い服の子供はイェンニーです。(服 klær 〜を着ている ha på seg)

参考：1) は mannen、2) は kirken、3) は jenta を主語にします。

語彙：(måte) あなたも（同様に）i like måte/likeså あらゆる点で i/på alle måter ある方法で/ある点で på en måte

> 53.「あなたが欲しいもので、この店で買えそうなものがありますか？」

単語：欲しい ville/vil gjern ha 買う kjøpe

解説：複数の目的格の関係代名詞で先行詞を修飾する場合、最初の som は省略することができますが、二番目以降の関係代名詞は省略できません。

例文：1)"Er det noe (som) du gjerne vil ha og som du kan kjøpe i denne butikken?"

2)"Er det noe (som) du ønsker deg og som vi kan kjøpe til deg i butikken?"

1) (som) が最初の関係代名詞です。2) は、私たちが買ってあげられるものの意味です。

問題：1) あなたが訪れたことがある国で、もう一度行きたい国はどこですか？（訪れる besøke もう一度 igjen）

2) 先週君がなくして、昨日彼がみつけた原稿はここにありますよ。（失う miste 原稿 manuskript）

3) あなたが聞いた彼の説明で、今でも覚えているものがありますか？（説明 forklaring 覚えている huske）

参考：2) では「先週」と「昨日」と異なる過去の表現がありますが、両方とも過去形の動詞を用います。

語彙：(gjerne)（喜んで）そういたしましょう Gjør jeg så gjerne! どちらでも Like gjerne.（概して）そうですね Det er gjerne slik.

> 54. その爺さんが住んでいた家にはニッセ（妖精）も住んでいました。

単語：爺さん gubbe ニッセ nisse
解説：前置詞＋関係代名詞の代わりに、関係副詞 hvor、da を用いることができます。
例文：1) I huset som gubben bodde i, bodde det også en nisse.

2) I det huset der gubben bodde, bodde det også en nisse.

3) I det huset hvor gubben bodde, bodde det også en nisse.

別の章でも扱いましたが huset i som bodde と、ノルウェー語では関係代名詞の前に前置詞を置くことはできません。
問題：1) 彼がノルウェーに帰国した年には大雪が降りました。（雪が降る snø）

2) 私たちが訪問する町には13世紀に建造された石造りの教会があります。（石造りの教会 steinkirke 13世紀に på 1200-tallet）

3) 年に3度だけ礼拝が行われる木造教会は丘の上に見えます。（木造教会 stavkirke 礼拝 gudtjeneste）
参考：できるだけ関係副詞を用いて書いてください。
語彙：(kirke) 教会（礼拝）に行く gå i kirken ルーテル教会 den lutherske kirke ノルウェー国教会 Den norske (stats) kirke

> 55.「あなたたちのなかでアルタの岩絵を見たことが
> ある人はいますか？」

単語：アルタ Alta 岩絵 helleristninger

解説：全体の数量の一定数を表現するには alle、fleste、mange、halvparten「半分・半数」、noen や ingen + av + 既知形名詞を用います。これを応用すると、例えば「半分以上」over halvparten av 〜、「半分以下」under halvparten av 〜という表現もできます。

例文：1) "Har noen av dere sett helleristningene i Alta?."
2) *"Er det noen blant dere som har sett helleristningene i Alta?"
2) に使用した blant は「（複数のもの）の間」という意味です。1) の方がより自然なノルウェー語です。

問題：1) 彼女は少しだけ食事を食べた。（少し litt）
2) 私たちには彼の説明の半分しか分からなかった。（説明 forklaring）
3) 教師の誰も責任を取ろうとしない。（責任をとる påta seg ansvaret）

参考：2) は「半分だけ理解した」と書きます。3) は ingen または ikke noen を用いて書いてください。

語彙：(se) 探す se/lete/søke etter 無視する se bort fra 軽蔑する se ned på 尊敬する se opp til 〜を見つめる se på 〜 〜を軽蔑する se ned på 〜

56.「万一何かあったら、電話して下さい。」

単語：何か noe 電話する ringe

解説：noen、noe は名詞とともに用いられ、数や量を示します。単独で名詞として使用される場合は「ある人」、「なにか（物／事）」を意味します。

例文：
1) "Hvis det skjer noe, kan du ringe (til) meg."
2) "Ring (til) meg hvis det skjer noe."

1) は「〜していい／〜できる」というニュアンスです。

問題：
1) ドアをノックした人がいます。（ノックする banke）
2) あなたに会いたい人が2階にいます。（2階に i annen etasje）
3) なんでも起こりえます。（なんでも noe som helst）

参考：1) と 2) は noen を用います。3) noe som helst は alt で書き換えができます。

語彙：(ringe) 耳鳴りがする Det ringer for ørene (mine). ドアのベルが鳴る Det ringer på døra.

57.「何か暖かい飲み物を下さい。」

単語：暖かい varm

解説：「物・事」を表現するのに noe を用いることは 56. で説明しましたが、例文のように形容詞に修飾される場合、形容詞をその後に置きます。その際、形容詞は中性形 -t にします。なお、「暖かい飲み物」は「飲むための何か暖かいもの」と表現します。

例文：1)"Jeg vil gjerne ha noe varmt å drikke."
　　　2)"Jeg har lyst på noe varmt å drikke."
　　　丁寧な表現をする場合には（1）に skulle gjerne を用いますが、日常会話では skal ha とされることが多いです。
問題：1) こんなもの見たことがありません。(こんな slik)
　　　2) その時、奇妙なことが起こりました。(その時 da 奇妙な merkelig)
　　　3) 君の話には何かおかしなところがある。(おかしい rar)
参考：3) を「随分おかしなところがある」とする場合 mye rart と表現を用います。
語彙：(drikke) 瓶から直接飲む drikke av flaska 酒に（お金を）つぎ込む drikke opp

58.「少しだったら食べ物が残っていますよ。」

単語：少し noe 残って igjen
解説：noe は通常中性名詞の単数形と用いられますが、若干量を表現するために、性に関係なく不加算名詞とともに用いられることがあります。因みに「多量」の場合は mye を、「殆どない」という場合は lite を同じように使用します。
例文：1)"Det er noe mat igjen."
　　　2)"Vi har noe mat igjen."
問題：1) お酢はありますか？（お酢 eddik）
　　　2) ビールが少しあります。（ビール øl）
　　　3) 彼はいくらかのお金をきっと持っています。（お金 penger きっと nok）

55

参考：3) のように複数形と組み合わせる場合もあります。「身につけている」という意味を明示するには på seg を加えます。

語彙：(lite) ここには殆ど人がいません Det er lite folk her. 〜は殆どありません Det er lite med 〜 殆どあるいは全くない lite eller ingenting

---

59. その雑誌は3カ月毎に発行されます。

単語：雑誌 tidsskrift 3か月毎に hver tredje måned 発行される komme ut

解説：「各・それぞれの」は hver/hvert もしくは enhver/ethvert で表現します。hver/hvert の後ろに形容詞や所有形の再帰代名詞が置かれる場合（「各自のパズル」hvert sitt puslespill）もあります。

例文：1) Tidsskriftet kommer ut hver tredje måned.
2) Tidsskriftet kommmer ut med tre måneders mellomrom.
天体の「月」måne と混同しないように注意して下さい。

問題：1) その外務大臣はゲスト1人1人と握手をした。（外務大臣 utenriksminister ゲスト gjeste 握手をする håndhilse (på)）
2) 私たちはそれぞれ鶏肉を半分ずつ貰った。（鶏肉 kylling 半分の halv）
3) 私たちは問題を各自の方法で解いた。（解く løse）

参考：1) 「握手をする」は rekke hånden ともいいます。

語彙：（編集）編纂する redigere 再編集する omredigere 印刷する trykke 修正する korrigere 増刷する trykke opp igjen 改定する revidere

60. 筆箱には3本の緑の鉛筆、1本の赤ボールペンと小さな消しゴムがあります。

単語：筆箱 pennal 緑の grønn 鉛筆 blyant 赤い rød ボールペン kulepenn 小さい liten（変化に注意）消しゴム viskelær

解説：形容詞は、名詞の性や数に従って変化させます。（鉛筆は男性名詞複数形、ボールペンは男性名詞単数形、消しゴムは中性名詞単数形です）。基本的に複数名詞には –e、中性名詞単数形には –t を加えることになります。独立定冠詞の後に置かれる場合にも –e を加えます。

例文：1) I pennalet er det tre grønne blyanter, en rød kulepenn og et lite viskelær.
2) Jeg har tre grønne blyanter, en rød kulepenn og et lite viskelær i pnenalet.

問題：1) その白い家は大きい。（家 hus）
2) あなたのグレーのコートはその黒い箪笥のなかにあります。（黒い svart 箪笥 skap）
3) ノルウェーは小国です。（国 land）

語彙：(ha) 〜する計画がある ha planer om å/planlegge å 〜 手をポケットにいれる ha hendene i lomma

61. その斑（ぶち）の犬はとてもおとなしい。

単語：斑（ぶち）の prikket とても veldig おとなしい rolig

解説：形容詞には、限定用法 den *prikkete* hunden「斑の犬」と叙述用法 Den store hunden er *prikket.*「その大きな犬は斑

です」があります。注意が必要なのは叙述用法の場合、主語が den 〜 となっていても、叙述用法の形容詞に -e を加える必要はありません（単数の男性・女性名詞既知形の場合）。しかし、単数の中性名詞や複数形の名詞では、それぞれ -t、-e を加える必要があります。

例文：1) Den prikkete hunden er vedlig rolig.
2) Den svart-hvite hunden er meget rolig.

2) の svart-hvit は「白黒の」という意味です。この形容詞の後半部分 hvit のみに –e が付加されていることに注意して下さい。

問題：1) チェック柄のシャツは高かった。（チェック柄の rutet シャツ skjorte）
2) その新しい家は大きい。
3) 年老いた労働者らは空腹だった。（労働者 arbeider 空腹な sulten）

参考：1)「シャツ」は男性名詞です。3) の「空腹な」の複数形に注意して下さい。

語彙：（柄）縦縞/横縞の (vertikal/horisontal) stripet 無地の ensfarget 水玉（模様）の polkaprikket/stor-prikket (mønster)

62.「マグヌスちゃん、自動車には気をつけなさいよ。」

単語：〜ちゃん lille 〜 気を付ける passe seg for
解説：「〜ちゃん」と表現する場合、(den) lille 〜 としますが、こ

の時 den は省略されます。(この場合の「ちゃん」は日本語と異なり、実際に小さな子供にしか用いません)。人名だけでなく、固有名詞の場合には -e 語尾の形容詞を固有名詞の前(場合によっては後)に置きます。

例文: 1) "Lille Magnus, pass deg for bilene."
2) "Du må passe deg for bilene, lille Magnus."

問題: 1) (手紙の書き出し)「親愛なるオーゲ!」(親愛なる kjær)
2) ハラル美髪王には少なくとも9人の子供がいました。(髪が美しい hårfager 少なくとも minst)
3) ストール(大)ベルト海峡は、シェラン島とフューン島の間にあります。(ベルト海峡 Bælt シェラン島 Sjælland フューン島 Fyn)

参考: 2) の国王名は、形容詞を後ろに置く例です。形容詞の最初の文字を大文字にします。ハラル美髪王の場合には den が加わりませんが、聖オーラブ Olav den hellige のように den が加わるものもあります。

語彙: (være) そう (そのままに) しておこう Det får være. オルセンさん宅に立ち寄りました Jeg var innom hos Olsen. 何のために? Hva skal det være til?

---

63. 彼らはアイスクリームが好きです。

単語: ～が好きです være glad i ～ と like

解説: være glad i は、口語の影響を受けて、若干の慣用句中の形容詞を変化させない場合もあります。De er glad(e) i is.「彼らはアイスクリームが好きだ」意味的には like と同じ

ですが、国や場所が好きだという場合には使用することができません。

例文：1) De liker Skandinavia.
2) De liker Norden.
Skandinavia は北欧三カ国、Norden は北欧五カ国を示します。

問題：1) 彼らはそれに気づいていますか？（〜に気づいて oppmerksom (på) 〜）
2) 彼らはパーティーで酔っ払った。（酔っ払う drikke seg full パーティー fest）
3) アーリルと私は山で道に迷った。（道に迷う gå seg vill）

参考：2)、3) の再帰代名詞も適宜変化させて下さい。

語彙：(være) 用意ができている være klar 〜を喜んでいる være glad for 〜に腹を立てている være sint på も口語では形容詞の基本形が使用されます。

---

64. （一般的な表現として）「リンゴは日本ではとても高価です。」

単語：リンゴ eple 高価な dyr

解説：一般的な事柄についての判断を下す場合は、一般的に主語に未知形名詞を用います。形容詞には特に注意が必要です。意味を補足して考える必要があります。

例文：1) "Epler er dyrt i Japan."
2) "*Det* er dyrt *å kjøpe* epler i Japan."

2) のイタリック部分を省略すると 1) を容易に理解できるでしょう。ここで Eplene er dyre. とすると「それらのリンゴは高い」となり、一般的な表現にはなりません。

問題：1) 紅茶はよいものだ。(紅茶 te 良い god)

2) バラは美しい。(＝バラがあると美しい、バラ rose 美しい pen)

3) 牛乳は健康にいい。(健康にいい sunn)

参考：1) の「紅茶」は不加算名詞、2) の「バラ」は加算名詞です。

語彙：(mer/mest) など med mer 一般的に／殆ど for det meste

> 65. 最初の日はうまくいきました。でも2日目に事件が起こりました。

単語：うまくいく gå fint 事件（ここでは）noe 起こる skje

解説：「第1の」første などの序数、「次の」neste や「最後の」siste などの特定の形容詞が含まれる表現では独立定冠詞が省略されます。

例文：1) Første dag gikk det fint, men så skjedde det noe andre dag.

2) Første dagen gikk det bra, men så gikk det ikke bra på andre dagen.

問題：1) 5階にボーイフレンドが住んでいます。(5番目の femte/5. 階 etasje)

2) 昨日初めてクヌートとデートしました。(初めて＝初回、回 gang 〜とデートする gå ut med 〜)

3) 次の公式会議は2月13日です。(公式の offentlig 会議 møte です＝催されます holdes)

参考：1) min venn/veninne とすると「特定の友人」＝恋人ということになります。

語彙：(最初) 初めから fra først av 最初から終わりまで fra først til sist 彼は昨日になって漸くやってきた Han kom først i går. 最初は i førstningen

---

66. 知らない男が突然私たちの方に走りながらやってきました。

単語：知らない（見知らぬ）fremmed 走る løpe 突然 plutselig

解説：løpe という動詞を用いると「走ってくる」という意味になります。付帯状況「走りながら」を表現するには現在分詞 løpende を用います。til oss とすると「私たちのところへ」となるので、ここでは前置詞 mot を使用します。

例文：1) Plutselig kom det en fremmed mann løpende mot oss.

2) Da kom det plutselig en fremmed løpende mot oss.

1) 名詞 en fremmed にも「見知らぬ者」という意味があります。

問題：1) 叔父はしばらくソファに座ったままでした。(ソファに i sofaen しばらく en stund 座ったままでした＝座りながらいました)

2) その5歳の子供は、家の前で泣きながら立っていました。(5歳の子供 femåring 泣く gråte 前で foran)

3) 様子を見ましょう。

参考：3) は、現在分詞を用いずに「待ちながら見ましょう」と書きます。

語彙：(lese) 大きな声で読む lese opp 詰め込み勉強する lese på spreng/pugge

---

67. それらの微笑んでいる子供たちは、これから映画を見に行く予定です。

単語：微笑む smile 映画館に行く gå på kino ～することになっている skulle

解説：形容詞として用いられる現在分詞は変化しません。

例文：1) De smilende barna der borte skal (gå) på kino nå.
2) De barna som smiler der borte skal (gå) på kino nå.
skulle/ville などの後の移動を示す動詞は省略されます。
ノルウェー語の gå は「歩いて行く」という意味です。

問題：1) 沈没しかけている船からの SOS 信号を受信した。(沈没する synke SOS 信号 SOS-signal 受信する ta imot)
2) 先日1匹の蝙蝠（こうもり）が川の上を飛んでいるのを見ました。(先日 her om dagen 蝙蝠 flaggermus 飛ぶ fly 川の上を over elva)
3) 回転部分に触れてはいけません。(回転する rotere 部分 del 触れる ta på)

参考：2) で現在分詞を用いると動作の一部を見ていたことになり、原型不定詞を用いるとその動作の一部始終を見ていたことになります。

語彙：(gå) 照明が消える Lyset går. 彼は三年生です Han går i

tredje klasse.

> 68. オンダルス方面へのお客様は、ドンボスで（列車を）お乗り換えください。

単語：オンダルスネス Åndalsnes ドンボス Dombås（列車を）乗り換える skifte (tog)

解説：den/de と形容詞を組み合わせて「〜な人（々）」という表現ができます。ここでは「お客様」=「旅行をしている人」です。de + 現在分詞 reisende で「旅行している人＝旅行者」という表現ができます。

例文：1) De reisende som skal til Åndalsnes skal skifte tog på Dombås.

2) De som reiser til Åndalsnes skal bytte tog på Dombås.

Dombås はドブレ山脈にある（内陸部）の町です。

問題：1) 彼は通りすがりの人に挨拶をした。（通りすがりの forbipasserende）

2) その容疑者はその事故の犠牲者に含まれていた（容疑の mistenkt 犠牲になった omkommen 含む involvere）

3) 学生はマルメーに住み、エーレスン海峡を越えてロスキレに通います。（学生（ここでは）＝研究している者（現在分詞で）、マルメー Malmö エーレスン海峡 Øresund ロスキレ Roskilde 通う pendle）

参考：2) は過去分詞を使用する例ですが、omkommet の変化に注意して下さい。

語彙：(購入) 友人のためにそれを100クローネで購入しました
Jeg kjøpte det til min venn for 100 kroner. 買い物/購入
innkjøp

> 69. この鉛筆は、あの色鉛筆と同じぐらい長い。

単語：この〜 den/det her あの〜 den/det der 色鉛筆 fargeblyant 長い lang

解説：「AとBは同じぐらい〜です」は、A er like (så) 〜 som B と一般に表現します。否定辞が加わった場合には「Bほど〜ない」と訳します。(否定辞を用いる場合には、形容詞の前に så や veldig などの副詞がしばしば加えられます)。

例文：1) Den her blyanten er like lang som den der fargeblyanten.

2) Den blyanten her er like (så) lang som den farge-blyanten der.

「この鉛筆」は denne blyanten、den her blyanten、den blyanten her などで表現されます。「あの」は her を der に変えます。

問題：1) シグリーはマルグレーテと同じぐらい数学が得意です。(シグリー Sigrid マルグレーテ Margrete 〜が得意な flink i 数学 matematikk)

2) 彼は私と同じぐらい不注意です。(不注意な slurvet)

3) 昨日の敗戦には彼と同じぐらいがっかりしました。(昨日の敗戦 gårsdagens tap がっかりする bli skuffet)

参考：2) や 3) の som の後には概して目的格の人称代名詞が置かれますが、節を用いて表現しても構いません。

語彙：(miste) 声がでない miste stemmen　かっとなる miste hodet　市電に乗り遅れる miste trikken

> 70. 日本の人口は、ノルウェーの約30倍です。

単語：人口 folkemengde　30 tretti/tredve

解説：「AはBの―倍～です」は、A er - ganger så ～ som B と表現します。形容詞を性や数に応じて変化させる必要があります。「2倍」の場合は to ganger よりも dobbelt を使うのが一般的です。(「3倍」も tredobbelt と同じ方法で表現することができます)。

例文：1) Folkemengden i Japan er nesten 30 ganger så stor som den i Norge.

2) Det japanske folketallet er cirka 30 ganger så stort som det norske.

2) の norske の後には folketallet が省略されています。cirka の略語は ca. です。正式な文書には略語は使用しません。

問題：1) 今年の応募者総数は昨年の 1.2 倍です。(応募者総数 antall søkere)

2) 彼は私の2倍稼いでいるそうです。(稼ぐ tjene　～だそうです det sies ～)

3) オスロ・トロンヘイム間の距離は、オスロ・ベルゲン間の距離の何倍ですか。(距離 avstand　～ の間 mellom)

参考：2) の「稼ぐ」tjene のような一般動詞が用いられる場合、som 以下には主語と代動詞 gjøre を一般的に用います。3) では英語の that of に相当する表現はノルウェー語にはな

く、既知形名詞を繰り返すか省略するかのどちらかです。
語彙：(tjene) お願いしたいのですが？ Kan du gjøre meg en tjeneste?

---

71. IC 特急は、普通列車よりも格段に速いですよ。

単語：IC 特急 IC-tog 普通列車 lokaltog 速い hurtig 格段に langt

解説：比較構文「AはBよりも～です」は、A er 比較級 enn B. のように表現します。比較級をつくる場合、語尾に -ere を加えるものと前に mer を加えるものがあります。比較級を強調する場合には、比較級の形容詞（や副詞）の前に mye、enda、langt などを加えます。

例文：1) IC-tog går langt hurtigere enn lokaltog.
2) IC-tog er mye hurtigere enn lokaltog.

問題：1) イーダはクラスの他の生徒よりもスペイン語をずっと流暢に話せます。(イーダ Ida スペイン語 spansk 流暢に flytende)
2) 日一日と暖かくなります。(日一日と dag for dag 暖かい varm)
3) 私はこれよりも面白い民話を知りません。(知っています kjenne 面白い morsom 民話 folkeeventyr)

参考：1) flytende の比較級は mer flytende です。2) の主語は det を用います。

語彙：(snakke) すべて話す／本音を話す snakke (rett) ut ～に話す snakke til ～

72. その学校の少女たちは、少年たちよりも学校の状況に満足していました。

単語：状況 situasjon ～に満足している være fornøyd med
解説：語尾が –sk、-s、-en などの形容詞や分子形容詞（現在分詞や過去分詞）の比較級は mer を加えて作ります。ここで用いる fornøyd は、主語の数に合わせて語尾にeを加える必要があります。
例文：1) Jentene på skolen var mer formøyde med situasjonen enn guttene.
2) Jentene på skolen var mer tilfredse med situasjonen enn guttene.
2) の være tilfreds med は幾分古い表現とされます。
問題：1) 今日のシステムはより実用的なものです。(今日の dagens 実用的な praktisk)
2) 太郎と花子はノルウェー人よりもノルウェー人らしく思える。(ノルウェー人らしい norsk 思える virke)
3) ノルウェーの危機対策は包括的なものだった。(危機対策 krisetiltak 包括的な omfattende)
参考：2) の「ノルウェー人らしい」norsk の比較級は mer norsk と norskere の2通りあります。どちらでも構いません。
語彙：(団体名) ノルウェー労働総同盟 Landsorganisasjonen i Norge 職業安定所 arbeidsformidling 派遣会社 vikarbyrå

> 73. ソールヴェイは、レーネよりも3cm背が高い。

単語：ソールヴェイ Solveig レーネ Lene センチ centimeter
解説：比較表現で 3cm のような差を表現する場合には、比較級の形容詞や副詞の前に、その差を記すのが一般的な方法です。
例文：1) Solveig er 3 centimeter høyere enn Lene.
　　　「～差で」med en forskjell på も使用可能です。
問題：1) イプセンはビョルンソンよりも4歳年上でした。(ビョルンソン Bjørnson)
　　　2) この店では、あの店よりも大根が5クローネ安いです。(店 butikk 大根 redikk 安い billig)
　　　3) 彼は私よりも幾分年下です。(幾分 noe)
参考：1) gammel と 3) ung の比較級（共に不規則変化）に注意して下さい。
語彙：(snart) どちらかといえば snarere 直ちに som snarest

> 74. 驚いたことに、駅からの途中数人の年配の女性に出会った。

単語：驚いたことに til sin overraskelse ～ からの途中 på vei fra
解説：「驚いたことに」は、動作主に合わせて sin を変化させます。ここでは「年配の」eldre という表現が用いられていますが、具体的には他の誰とも比較をしていません。このような用法を絶対比較といいます。((かなり・比較的) 歳をとっている」＞「年配の」となります)。

例文：1) Til min overraskelse traff jeg noen eldre damer på vei fra stasjonen.
2) Til vår overraskelse så vi noen eldre kvinner på vei fra stasjonen.
問題：1) 千賀子は（比較的）長い間中国に住んでいました。（中国 Kina）
2) 比較的若い男性は、若い男性ほどは若くない。（男性 mann）
3) ドイツに10年住んでいますが、彼はせいぜい日常会話程度のドイツ語がわかる程度です。（せいぜい i beste fall 日常会話 dagligtale）
参考：3) の「せいぜい」は絶対最上級という用法です。
語彙：(vei) 〜へ／からの途中 på vei til/fra 〜 帰路 på veien hjem/på hjemveien

75. 「空腹よりも眠い」と、その冒険家は答えた。

単語：冒険家 eventyrer 空腹な sulten 眠い søvnig 答える svare
解説：異なった性質の形容詞（空腹な／眠い）を比較する場合、通常比較級をつくる場合に –ere 語尾を加える形容詞にも mer を用いて表現します。
例文：1) Eventyreren svarte, "Jeg er mer søvnig enn sulten".
2) Eventyreren svarte at han/hun var mer søvnig enn sulten.
2) は、間接話法を用いた表現です。
問題：1) 不安を感じたというよりも恐ろしかった。（不安な engstelig 恐ろしい redd）

2) 2月にしては、寒いというより暖かかった。(にしては＝〜だけれど selv om)

3) 教授は勤勉というよりも、天才肌です。(勤勉な flittig 天才肌の begavet)

参考：因みに 1) の være engstelig/redd は、目的語の前に for を加えて使用します。

語彙：(svare) 質問に答える svare på et spørsmål 〜に相当する svare til/tilsvare 〜 期待に応える svare til forventningene

---

76. 芸術に関して、彼は彼女よりも才能に恵まれなかった。

単語：〜に関して hva 〜 angår 芸術 kunst 才能に恵まれた begavet

解説：劣等比較を表現する場合には mindre を mer の代わりに用います。通常の比較級で –ere 語尾を取る形容詞や副詞にも mindre を使用します。比較する対象の中で程度が最も低いことを示す場合（劣等最上級）には minst を用います。

例文：1) Hva kunsten angår, er han mindre begavet enn henne.

2) Som kunstner er han mindre begavet enn henne.

2) の som kunstner は「芸術家として」という意味です。henne は hun er でも構いません。hva kunsten angår は når det gjelder kunsten と表現することもできます。

問題：1) 私の意見では、ドイツ映画はフランス映画ほど趣がありません。(映画 film 趣がある smakfull 私の意見では et-

71

ter min mening)

2) 定期券の方がお金はかかりません。(定期券=月のカード månedskort (お金が) かかる koste)

3) その国の状況は以前よりも安定していません。(安定して stabil 以前 før)

参考：「お金がかかる」koste は dyr/billig ではなく、mye/lite と共に使用します。

語彙：(koste) 旅行にいくらかかりますか？Hva koster reisen?

---

77. 世界で最も大きなダイヤモンドは、ロンドン塔に展示されています。

単語：ダイヤモンド diamant ロンドン塔 Tower of London 展示する utstille

解説：最上級語尾は -st(e) です。形容詞が名詞の前に置かれえる弱変化形では det dyreste huset「最も高い家」のように dyreste となりますが、単独で述部に置かれる強変化形では、Dette huset er dyrest./Disse husene er dyrest. となります。つまり、性や数に従って変化させる必要がないということです。

例文：1) Verdens største diamant er utstilt i Tower of London.
2) Den (aller) største diamanten i verden utstilles i Tower of London.

1) は常設展示、2) は特別展示というニュアンスが加わります。最上級を強調する場合には aller を加えます。

問題：1) ケントはクラスで最も頭がいい生徒です。(頭がいい

flink 生徒 elev クラス klasse)

2) ノルウェーの町でドランメンが一番好きです。(ドランメン Drammen)

3) 昔々三人の息子がいる男がおりました。アスケラッデンは末っ子でした。(昔々 det var en gang 〜 アスケラッデン Askeladden 末っ子＝一番年下)

参考：3) は、「民話」の書き出し部分です。

語彙：(alt/alle) 金輪際（一度限り）en gang for alle とにかく i alle fall/i hvert fall 全部で i alt/alle ihop/alt i alt ご多幸を Jeg ønsker deg alt godt. あらゆる点で i ett og alt

---

78.「その2台のトラックでは、どちらが大きいでしょう？」

単語：トラック lastebil どちらが hvilken

解説：この例のように、2つのものを比較する場合で enn「〜よりも」以下が省略されている場合、最上級を用いて表現します。

例文：1) "Hvilken av de to lastebilene er størst?"

2) "Hvilken lastebil er størst av de to?"

3) "Hvilken lastebil av de to er størst?"

問題：1) 誰が年上ですが、ローアルそれともヤルマル？（ローアル Roald ヤルマル Hjalmar）

2) 彼ら2人のうち、どちらが遠くまで走りましたか？（走る løpe 遠くに langt）

3) どちらが高いですか、富士山それともガルヘピッゲン

山？（ガルヘピッゲン山 Galhøpiggen）

参考：富士山は Fuji fjellet として構いません。

語彙：(liten) かなり（多い）ikke så lite 子供の頃に som liten 多少（なりとも）mer eller mindre 〜しなければ med mindre〜 少なくとも minst/ikke det minste

---

79. その事故での犠牲者総数は、10人〜15人です。

単語：総数 antall 犠牲になった omkommet/omkommen/omkomne

解説：-en 語尾で終わる過去分詞は特別な変化をします。sunken「沈んだ」を例にすると en sunken båt、et sunket skip、flere sunkne skip となります。また、叙述用法の場合（単数）Båten er sunket.（複数）Båtene er sunket/sunkne. とになります。

例文：1) Antall omkomne i ulykken er mellom 10 (ti) og 15 (femten).
2) Mellom 10 og 15 mennesker er omkommet i ulykken.
2) は叙述用法の例です。

問題：1) 彼は到着した船に乗っていた。（到着した ankommen 乗船して ombord）
2) その切り離された引用箇所が議論の原因です。（新聞見出しなどの表現、切り離された løsriven 引用 sitat 〜の原因 årsaken til 〜）
3) 沈没船から宝物が見つかった。（宝物 skatt）

参考：1) この「船に」の前置詞は på です。3) の「宝物」は複数形にします。

語彙：(finne)（独力で）〜まで行く finne frem/fram til 〜　〜を我慢する finne seg i 〜　〜を思いつく finne på 〜　八方ふさがりになる finne verken ut eller inn

> 80. その非常に大型の自動車は、ガソリン1リッターあたり3kmしか走らない。

単語：非常に veldig　約 ca./cirka　リッターあたり på en liter (bensin)

解説：強意の副詞（ここでは veldig）は、独立定冠詞の後に置かれても語尾に -e を加える必要はありません。形容詞だけに -e 語尾を加えます。

例文：1) Den veldig store bilen går bare ca. tre kilometer på en liter bensin.
2) Den veldig store bilen kjører kun omtrent tre kilometer på en liter bensin.
kun は bare と同じく「〜だけ」という意味ですが、文語的です。

問題：1) その人口過密地域は国土の西南部にあります。（人口過密の tettbefolket　地域 område　南西の sørvestlig
2) トールは非常に内気な子供の一人です。（非常に meget　内気な sjenert)
3) イプセンは世界で最も有名なノルウェー人作家です。（有名な berømt　作家 forfatter)

参考：3) では mest の後に置かれる形容詞に -e を加えます。

語彙：(barn) あいつは大きな子供だ（大人に）Han er et stort

75

barn.

> 81. 彼女は、たった15分間でその大きなピザを丸ごと平らげてしまった。

単語：ピザ pizza 丸ごと hel 平らげる spise opp

解説：「すべて」という表現には hel と all が使用されます。hel は「(1つ丸ごと) すべて」という意味で、all は「(複数存在するものの) すべて」という意味です。この例文で all を使用すると、1枚の大きなピザではなく、複数の大きなピザという意味になります。(「その(ピザ)」なので単数扱いです)。また、時間が強調されているので前置詞には på を用います。

例文：1) Hun spiste opp en hel pizza på 15 (femten) minutter.
2) Hun har spist opp hele pizzaen på et kvarter.
hel や halv という形容詞には定冠詞を加えません。(× den hele pizzaen)

問題：1) その店は24時間開いています。(24時間 døgn 開いて åpen)
2) 町中の人がそれを知っています。(町中の人＝町中 知っている vite)
3) アスケラッデンはとうとう王国の半分とお姫様を手に入れました。(アスケラッデン Askeladden 王国 kongerike お姫様 prinsesse とうとう til sist)

参考：3) の「王国の半分」は「その王国の半分」と理解します。「お姫様」にも既知形名詞を使います。

語彙：（時間）次の金曜日 førstkommende fredag 今週の金曜日 fredag denne uken/denne fredagen 来週の金曜日 fredag neste uke 翌日 dagen etter 翌々日 dagen deretter その2日後（過去の時点から）to dager etter

82. すべての人間は同じ権利を有するべきである。

単語：～すべきです burde/bør 権利 rettighet

解説：「すべての」all は、数や性、既知形/未知形に従って変化させなければなりません。この形容詞の後に既知形名詞が置かれることがありますが、その場合も all の前に代名詞が置かれることはありませんので注意して下さい。(de などの代名詞が all の後ろに置かれる場合はあります)。alle は、単独で名詞として用いると「すべての者」という意味になります。

例文：1) Alle mennesker bør ha samme rettigheter.
2) Alle bør ha samme rettigheter.
特定集団の「すべての人間」ではなく、一般的な意味の場合です。

問題：1) チケットは完売しました。（完売して utsolgt）
2) 彼は自由時間のすべてをジョギングに費やしています。(自由時間 fritid ジョギング jogging ～に費やす bruke til ～)
3) ここにあるすべてのパソコンにそのソフトウェアがインストール済みです。（ソフトウェア programvare インストールする installere）

参考：1) ～3) はすべて既知形名詞を使用する例です。

語彙：(PC) ダブル／右クリックする dobbeltklikke/høyreklikke コピーする kopiere 保存する lagre 接続する tilkoble

---

83. 私たちは多くの野菜を生産しています。

単語：（量的に）多くの mye 野菜（複数形で）grønnsaker 生産（育成）する dyrke

解説：「多くの」という日本語をノルウェー語にする場合、それが数的なのか量的なのかというニュアンスに注意を払う必要があります。

例文：1) Vi dyrker mye grønnsaker.
　　　2) Vi dyrker mange grønnsaker.
　　　2) のように mange を使用すると「多くの種類の野菜」を意味します。

問題：1) ここは人でいっぱいだ。
　　　2) 書斎には多くの本がある。（書斎 skrivestue）
　　　3) 玄関には多くの靴があります。（靴 sko 玄関 entre）

参考：1) は（量的）表現として書いてください。2) にも mye を用いることができますが、一般的な表現ではありません。

語彙：(tilfelle) 〜の場合には i tilfelle av 〜 どちらの場合も i begge tilfelle 〜は本当だ Det er tilfelle at 〜

---

84. 水筒にほとんど水がありません。

単語：水筒 feltflaske 水 vann

解説：（非加算名詞で示される）物が「少しある」という場合には litt を、「ほとんどない」という場合には lite を用いま

す。加算名詞の場合には、「少し（若干）ある」という場合には noen få、「ほとんどない」という場合には få を用います。

例文：1) Det er lite vann i feltflasken.
2) Det er nesten ikke noe vann i feltflasken.
2) で nesten を省略してしまうと「全くない」という意味になります。

問題：1) コーヒーを少し如何ですか？（如何ですか hva med）
2) 私はその出来事についてはほとんど知りません。（出来事 begivenhet）
3) 私はオーレスンにも数人（若干）の友達がいます。（オーレスン Ålesund）

参考：1) と 2) は不加算名詞、3) は加算名詞の例です。

語彙：(sende) 〜を出発させる sende 〜 av gårde そのメールを私に転送して下さい Vær så snill å videresende e-posten til meg.

---

85. 「イーダが来るの、それとも、ヘレーネが来るの？」「2人ともよ。」

単語：イーダ Ida ヘレーネ Helene （両方）とも begge
解説：例文の「2人（両方）とも」のように2つの名詞を受ける場合には、begge to または begger deler という表現を用います。begge to は固有名詞または既知形名詞などが用いられている場合に、begge deler は未知形名詞が用いられる場合に使用します。1つの名詞の複数形とともに用い

る場合、begge sider av gata「道の両側」や begge gangene「2度とも」のように、未知形名詞でも既知形名詞でも用いられます。但し、begge delene という表現はありません。

例文：1) "Kommer Ida eller Helene?" "De kommer, begge to."
2) "Er det Ida eller Helene som kommer?" "Begge jentene kommer."

問題：1)「圭太はドイツ語か英語を話しますか？」「両方話します。」
2)「パソコンを買ったの？プリンターを買ったの？」「両方よ。」(パソコン datamaskin プリンター skriver)
3)「どっちのアイスクリームがいい？」「両方とも！」

参考：2) と 3) は未知形名詞を用いる例です。3) の「両方とも！」はノルウェー人が非常によく使う表現です。

語彙：(legge) 〜に気付く legge merke til 〜 〜を強調する legge vekt på 〜

---

86. レイフは1時間ほど前に帰宅し、家で宿題をしています。

単語：〜前に for 〜 siden 宿題をする gjøre lekser

解説：英語では come home「家へ帰る」と be home「家にいる」で同じ副詞 home が用いられますが、ノルウェー語では「家へ」と移動を示す場合 hjem を、「家で」と場所を示す場合には hjemme を区別して用います。

例文：1) Leif kom hjem for cirka en time siden, og han gjør lekser hjemme nå.

場所を示す副詞の後に時間を示す副詞が来る語順は英語と同じです。

問題：1) 外出許可をいただけますか？（許可 lov）
2) 彼女はもうすぐここに来ると思います。（思います regne med ここに hit）
3) ペーテルは台所にいますよ。（台所 kjøkken）

参考：3) inne は「内部で/に」を意味しますが、屋内の場合でも「台所」、「浴室」や「廊下」には ute という副詞を用います。

語彙：(hen/henne) どこまで行きますか？ Hvor skal du hen? どこにありますか？ Hvor ligger den henne?

---

87. 彼はノルウェー語をゆっくりと話します。

単語：ゆっくりと langsomt

解説：langsom などの形容詞を副詞に転用する場合には、語尾に t を加えます。但し、-(l)ig や -sk で終わる形容詞などには t を加えません。（この場合は同形になります）。

例文：1) Han snakker norsk langsomt.
2) Han snakker norsk sakte.
無変化の形容詞 sakte「ゆっくりと」には t が加えられません。

問題：1) フィヨルドの上に雲が低く垂れこめていた。（雲 sky 垂れこめる ligge 上に over）
2) 彼はとても上手に歌った。（歌う synge）
3) とても激しく雨が降っています。（とても foreferdelig 激しい voldsom）

参考：3) は、-(l)ig の形容詞を転用する例です。
語彙：(aldri) 絶対にないとは言えない En skal aldri si aldri.

> 88. 私のアイルランド人の友人は、もうかなり長く日本で暮らしています。

単語：アイルランドの irsk 暮らす bo
解説：形容詞 lang を転用して副詞にする場合、特に langt「（距離的に）長く」と lenge「（時間的に）長く」には注意が必要です。lang の比較級、最上級の変化はそれぞれ lang – lengre – lengst、lenge – lenger – lengst となります。「かなり」というニュアンスを加える場合は比較級を用いて表現します。「アイルランド出身の」という意味で fra Irland としても構いません。
例文：1) Min irske venn har bodd i Japan (i) lengre tid.
2) Den irske vennen min har bodd i Japan i (en) nokså lang tid
2) で用いた nokså は「かなり」という意味です。
問題：1) 私はここにいるよりもむしろ家に帰りたい。（むしろ heller < gjerne）
2) 私はずっと離れた場所に住んでいます。（離れた場所に borte）
3) 以前よりもスウェーデン語がよくわかります。（以前 før より良く bedre）
参考：2)「ずっと」は距離的な意味です。ここでは比較級を用いて下さい。

語彙：(kalle) 〜を呼ぶ kalle på 会議を招集する kalle sammen (et møte) 任命する kalle til/utnevne リコールする kalle tilbake

> 89.「(君たちは) そんな風にしてはいけない。」

単語：そんな風に slik

解説：形容詞 slik は「このような家」et slikt hus と中性形で t が付加されますが、副詞に転用する場合は t を付加しません。slik と同じように用いるノルウェー語に sånn があります。

例文：1) "Dere må ikke gjøre det slik."
2) "Dere skal ikke gjøre det på en slik måte."
2) på en slik måte は「そんな方法で」という意味です。

問題：1) 彼女はいつもその単語をそのように発音します。(発音する uttale)
2) そのようですね。(〜のようです se ut)
3) 以前もこのようでしたか？

参考：2) の se 〜 ut は「〜のように見える」という意味です。聞く場合には høres 〜 ut を用います。「教師はこうあるべきだ」Slikt skal være lærer! と slik に t が加わる表現がありますが、これは文頭の noe が省略されたと考えます。

語彙：(bære) 〜を運ぶ bære fram/frem 話題を提供する bære fram/frem en sak 武器を携帯する bære våpen 私には〜のように思える Det bæres meg at 〜

> 90. 時間がないかもしれません。

単語：(ここでは) 〜かもしれません kanskje

解説：kanskje という副詞を使用する場合、Kanskje kommer han (ikke)./Kanskje han (ikke) kommer という2通りの場合があります。後者の場合 (Det er) kanskje (at) han ikke kommer. の ( ) 部分が省略されたと考えます。kanskje は kan skje「起こりうる」から転じた副詞です。

例文：1) Kanskje får jeg ikke tid.

2) Jeg får kanskje ikke tid.

3) Kanskje jeg ikke får tid til det.

3) のように til det を加えると、そのための時間という表現になります。

問題：1) おそらく遅かれ早かれこの課題も片付くでしょう。(遅かれ早かれ før eller senere 課題 oppgave)

2)「もしかしたら喉がかわいていらっしゃいますか？」(喉がかわいて tørst)

3)「彼は来るかな？」「多分ね、でも来ないかもね。」

参考：1) は det er 〜 at を参考に用いて下さい。2) の「もしかしたら」も kanskje を用いて下さい。

語彙：きっと vistnok/trolig/antakelig/visst/nok 確かに sikkert

> 91. 昨日、彼は王宮公園でそのようにして彼女を説得しようとした。

語彙：王宮公園 Slottsparken 説得する overtale 無駄な forgjeves

解説：複数の副詞が用いられる場合には「方法（様態）」、「場所」、「時間」の順に並べます。（この順番を理解するには、例文を暗記するのが一番でしょう）。

例文：1) Han prøvde å overtale henne slik i Slottsparken i går.

2) Han ville overtale henne på en slik måte i Slottsparken igår.

王宮公園 Slottsparken は固有名詞です。2) の ville は「意図した」という意味になります。

問題：1) その映画スターは明日3時にフレースラン空港に到着する予定です。（映画スター filmstjerne フレースラン空港 Flesland 到着する ankomme）

2) 1週間前、メレーテとゆっくりカールヨハン通りを歩きました。（メレーテ Merete 〜に沿って langs カールヨハン通り Karl Johansgate）

3) こんな時間にこんな場所でこんな風にあなたに会うとは信じがたいね。（信じがたい utrolig こんな slik）

参考：3) は det er 〜 で始めてください。

語彙：(mot) 〜の方を向く vende mot 〜 有料で mot avgift/betaling 5：2 fem mot to 〜に対して/とは対照的に i motsetning til 〜

> 92. この村には世界遺産リストに登録されている寺があります。

単語：村 bygd 世界遺産リスト FNs kulturminneliste 登録する registrere

解説：ノルウェー語では場所を示す副詞の後に詳細な場所を特定する前置詞句がしばしば置かれます。「この村に」と表現する場合、i denne bygda よりも her i bygda または i bygda her とされることが多いです。

例文：1) Her i bygda er det et tempel som er registrert i FNs kulturminneliste.

2) I bygda her er det et tempel som står på FNs kulturminneliste.

FN は (De) Forente Nasjoner の略語で「国連」の意味です。

問題：1) この国には7つの大都市があります。(大都市 storby)

2) (北部の) アルタにはサーミ人の祖先が残した岩絵があります。(北部の oppe アルタ Alta サーミ人の samisk 祖先 forfedre 岩絵 helleristning)

3) (高い場所の) 山頂では雪が降りました。(高い場所の oppe 丁度 nettopp)

参考：oppe には「標高が高い」という意味と「緯度が高い」という意味があります。

語彙：ノルウェーでは oppe i Norge 日本では (ノルウェーから見て) nede i Japan

93. 「一体誰がそんなことを言ったの？」「マサオだよ。」

語彙：一体 i all verden
解説：「一体全体」という意味を強調するために i all verden、i helvete、fanden や pokker がしばしば用いられます。
例文：1) "Hvem i all verden har sagt det?" "Det er Masao."
2) "Hvem i helvete sa det?" "Det var Masao (som sa det)."
問題：1) 一体全体あなたはそこで何をしているの！
2) 一体どういう意味ですか？
3) なぜ一体彼女は養子を迎えることができるのでしょう？（養子を迎える adoptere）
参考：helvete は本来「地獄」という意味です。
語彙：(med) 〜でさえ/まで til og med 故意に med vilje 敬具 med vennlig hilsen

94. 「(それらの) 小包の重量は？」「各10kgです。」

単語：小包 småpakke 〜の重さがある veie キロ kilo 各 hver
解説：長さや年齢、数量などを尋ねる場合には hvor を用います。この場合に用いられる形容詞を数や性により変化させる必要があります。
例文：1) "Hvor mye veier småpakkene?" "De veier 10 kg hver."
2) "Hvor tunge er småpakkene" "De er 10 kg hver."
「重い」tung を小包が複数形のために変化させます。

87

問題：1) 彼のお孫さんは何歳になったのですか？（孫 barnebarn）
2) フルダールまでどれぐらいですか？（時間）（フルダール Hurdal）
3) フルダールまでどのぐらいですか？（距離）
4) フルダールまでどのぐらいですか？（料金）

参考：1) barnebarn は中性名詞です。

語彙：（どちらでも）どちらでも構いませんよ Jeg er likegyldig/likeglad.

95.「あなたが購読している新聞は？」「ベルゲンスティーデネです。」

単語：どの hva for en/ei/et, hvilken/hvilket/hvilke 新聞 avis ベルゲンスティーデネ Bergens tidende 購読する abonnere på

解説：「どの」、「どっちの」を表現する際に用いられる hva for 〜 または hvilken は、直後に置かれる名詞の性や数に従って変化させる必要があります。hva for 〜 という表現は hvilken よりも口語的です。

例文：1) "Hvilken avis abonnerer du på?" "Jeg abonnerer på Bergens tidende."
2) "Hva for en/ei avis abonnerer du på?" "Det er Bergens tidende."

問題：1) 私たちはどんな仕事をここでするのですか？（仕事（ここでは）課題 oppgave）

2) 私はどちらの道を進めば良いのかわかりません。(わかる komme på (道を) 進む ta)

3) あなたが最も興味を持っているのはどんな本ですか？(〜に興味を持っている være interessert i (å) 〜)

参考：1) oppgave は単数で用いてください。3) は強調構文で書いてください。本は複数形でも書くことができますが、ここでは単数形で書いて下さい。

語彙：arbeide と jobbe の違いは、一般に前者が長期（正規）労働で、後者が短期（非正規/集中的）労働とされます。

96. ヴェーソースの本をまだ受け取っていません。

単語：受け取る ta (i)mot ヴェーソース Vesaas

解説：否定辞 ikke を用いる否定文が最も一般的ですが、この否定辞が文全体を否定する場合と句や節だけを否定する場合があり、意味が曖昧になります。誤解を生じないように表現するために、しばしば強調構文が用いられます。

例文：1) Jeg har ikke mottatt boka av Vesaas ennå.

2) Det er boka til Vesaas (som) jeg ikke har mottatt.

1) は、否定辞が例えば「(ビデオでなく) 本を受け取っていない」「(イプセンでなく) ヴェーソースの本を受け取っていない」など、意味が曖昧になります。

1) の av は「〜による＝〜が書いた」という意味です。

問題：1) ハルデンに住んでいたのは、私ではありません。(ハルデン Halden)

2) 私が送ったのは手紙ではなく小包です。(小包 småpakke)

3)「ノルウェークローネに換金できませんか？」
参考：1)、2) は強調構文を使用して下さい。3) 否定疑問文はより丁寧な表現です。
語彙：（文学）児童文学 barnelitteratur 純文学 skjønnlitteratur 劇文学 drama 散文 prosa 韻文 vers 日本文学 japansk litteratur 文学史 litteraturhistorie

> 97. ノルウェー人の全員が皆、英語が得意というわけではありませんよ。

単語：全員 alle 得意な flink（学科名などが続く場合の前置詞は i になります）
解説：全文否定「皆英語が得意ではありません」と部分否定「皆が皆英語が得意ということではありません」は、否定辞 ikke の位置により決まります。つまり ikke alle のように ikke が前に置かれる場合は部分否定となります。
例文：1) Ikke alle nordmenn er flinke i engelsk.
2) Det er ikke alle nordmenn som er flinke i engelsk.
2) は強調構文を用いた例です。
問題：1) 皆が皆、現在の状況に満足しているわけではありません。（〜に満足している være fornøyd med 現在の nåværende）
2) 全員が彼に同意していません。（同意して enig）
3) ベルゲンが必ずしも雨だとは限りません。（必ずしも〜ない ikke alltid）
参考：1) と 3) は部分否定、2) は全文否定の例です。alle が複

数形扱いであることに注意して下さい。

語彙：背中合わせ rygg imot rygg　矛盾する si imot　正反対に tvert imot

98.「私は絶対にあなた方を許しません！」

単語：許す tilgi　絶対に i det hele tatt

解説：ノルウェー語で否定を強調する場合 absolutt/aldeles/slett(es) ikke または ikke i det hele tatt で表現します。

例文：1) "Jeg vil ikke tilgi dere i det hele tatt."
2) "Jeg vil absolutt ikke tilgi dere."

1) の i det hele tatt のみ ikke の後に置きます。

問題：1) それにはまったく根拠がありません。(根拠 grunn)
2) まったく悪くないじゃないか。(悪い dårlig)
3) それらの規則はまったく役立っていません。(役立たない til ingen nytte)

参考：1) は aldeles、2) は slett(es)、3) は i det hele tatt を用いて書いて下さい。2) は「非常にいいね」という意味になります。

語彙：(gidde) わざわざ～する gidde (å) ～　私はわざわざそんなことをしたくありません Det gidder jeg ikke.

99. フェーロー諸島にもまだ行ったことがありません。

単語：フェーロー諸島 Færøyene　まだ ennå

解説：「〜も」は否定辞がない場合には ogat で表現しますが、否定辞がある場合には heller で表現します。heller が置かれる場所は否定辞の前または文尾で、文尾の場合には前にコンマを加えます。

例文：1) Jeg har (ennå) ikke vært på Færøyene, heller.
2) Jeg har heller ikke vært på Færøyene ennå.

問題：1) トルコ語も話せないのですか？（トルコ語 tyrkisk）
2)「そこに行きたくないよ。」「僕も。」
3) 息子もまったく天才じゃない。（息子 sønn 天才 geni）

参考：3) の「まったく」は ikke noe で表現して下さい。

語彙：(opp) 上下反対 opp ned 上下する gå opp og ned 気温は20度まであがります Temtperaturen går opp mot 20 grader.

100.「トールはこの時間（まだ）家にいないと思うよ。」

単語：〜と思う tro この時間に（ここでは）nå

解説：tro や synes などが主節の動詞として用いられる場合、否定辞 ikke を従属節内に置くよりも、主節内に置くことが一般的です。

例文：1) "Jeg tror ikke (at) Tor er hjemme nå."
2) "Jeg tror ikke (at) Tor allerede er kommet hjem."
2) は状況「既にいる」に焦点を当てた現在完了形です。

問題：1) 私は（主観的に）あの子が内気だとは思いません。((主観的に) 思う synes 内気な beskjeden)
2) 状況が深刻だと（客観的に）思っていなかった。((客

観的に）思う tro 深刻な alvorlig）

3) 大した議論はしなかったように思います。（大した議論 mye diskusjon fram og tilbake）

参考：3) は主語を「私たち」として下さい。

語彙：（話す）議論する diskutere/omtale 演説する holde en tale/tale

101.「来月の休暇を楽しみにしています。」

単語：休暇 ferie 〜を楽しみにする glede seg (til) 〜

解説：現在形の動詞を用いることで、現在起きていること、繰り返し起きていることや近未来に起きることを表現することができます。近未来を現在形で表現する場合にはしばしば未来を示す副詞が使用されます。

例文：1) "Jeg gleder meg til ferien (i) neste måned."

2) "Jeg ser fram til ferien som starter i neste måned."

i neste måned の前置詞 i を省略することができます。

問題：1) 来月（それらの）桜が満開になります。（桜 kirsebærblomst 満開で i full blomst）

2) 彼女はいまピアノを弾いています。（ピアノ piano 弾く spille）

3) 毎週土曜日はレストランで食事をします。（レストラン restaurant）

参考：1)「桜」は複数既知形です。2) 楽器には未知形名詞を用います。

語彙：（楽器）楽器 instrumenter バイオリン fiolin フルート fløyte

93

102. 「チャイムが鳴った。先生が来るぞ。」

単語：チャイム klokke 鳴る ringe
解説：日本語の表現が過去形の場合でも、ノルウェー語に訳す場合には過去形を用いない場合があります。その多くは現在完了形として訳されますが、時には現在形を用いて表現する場合があります。（チャイムが数回なるとして、最初のチャイムを聞いた直後の発話内容と考えて下さい）。
例文：1) "Klokken ringer. Straks kommer læreren hit."
2) "Klokken ringer. Læreren er her snart."
「直ちに」straks は「すぐに」snart よりも時間の経過が短い場合です。
問題：1) 私の祖父は私が生まれる前に亡くなりました。（亡くなる døde 生まれる bli født）
2) 子供の時からエレンを知っている。（知っている kjenne エレン Ellen）
3) 次の競技会ではベストを尽くします。（競技会 konkurranse ベストを尽くす gjøre sitt beste）
参考：1) は過去形を、2) は現在形または現在完了形を用います。
語彙：(即座に) すぐに med en gang/med det samme/med ett/umiddelbart

103. （警官）「ここで何をしている？」

単語：警官 politibetjent
解説：英語では現在進行形が用いられる表現ですが、ノルウェー

語には現在進行形はありません。これらはすべて現在形で表現することになります。主語は単数でも複数でも構いません。この場合、敬称を用いる必要はありません。

例文：1) (politibetjent) "Hva gjør du her?"
2) (politibetjent) "Hva er det dere driver med her?"

問題：1) 曾祖父に手紙を書いています。(曾祖父 oldefar)
2) 電車が進行している間、通話はご遠慮ください。(進行する gå 通話（ここでは）telefonsamtale ご遠慮ください＝禁止されています være forbudt)
3) 起きていますか？（起きて våken）

参考：進行中であることを強調するのに nå などの副詞を加えるのも有効です。

語彙：(gjøre) どこにはさみを置いたの？ Hvor har du gjort av saksa? 決算する gjøre opp (regnskapet)

104.「また鍵をなくしてしまったの？」

単語：鍵 nøkkel 失くす miste

解説：現在完了形では現在の状況「今も鍵がない」という事実にまで言及することになるのに対して、過去形を用いると「なくした」という事実のみを表現します。日本語では同じように訳されることが多いので特に注意が必要です。過去を示す「昨日」などの副詞と現在完了形を併用しないように注意して下さい。

例文：1) "Har du mistet nøkkelen igjen?"
2) "Mistet du nøkkelen igjen?"

om (og om) igjen とすると「また」を強調することになり

ます。
問題：1) 中国人が紙を発明した（発明する oppfinne）
2) 彼らは先週ここから旅立ちました。（旅立つ reise 先週 forrige uke）
3) 彼らは帰宅しました。
参考：1)「過去の事実」、2)「過去の副詞」により過去形のみ使用可能です。
語彙：(鍵) 鍵をかける låse 錠 lås ～を閉じ込める/締め出す låse ～ inn/ut

---

105. マルグレーテはエーリクが王位を継承するように最大の努力を払った。

単語：マルグレーテ Margrete エーリク Erik 王位を継承する arve tronen 最大の努力を払う）
解説：「～するために」や「～するように」は、for at（または å）あるいは slik/sånn at や så を用いて表現します。for å ～ は、主節と従属節の主語が一致する場合に使用します。
例文：1) "Margrete gjorde sitt beste for at Erik kunne arve tronen."
2) "Margrete gjorde sitt beste slik at Erik kunne arve tronen."
強いて言えば 1) が「～するために」で、2) が「～するように」です。
問題：1) その子供を救うために彼は池に飛び込みました。（救う redde 飛び込む hoppe ut 池 tjern）

2) 白クマを見るために、私たちはスヴァールバル群島に行きます。(白クマ isbjørn スヴァールバル群島 Svalbard)
3) 風邪をひかないようにうがいをした。(風邪をひく bli forkjølet うがいをする vaske munnen)

参考：3) のように「〜しないために/ように」の否定辞の位置に注意して下さい。

語彙：(ta) 〜の世話をする ta vare på 〜 行う/企てる ta seg for 悪い印象を与える Det tar seg dårlig ut.

106.「3時半までに部屋を片付けなければなりません。」

単語：その時までに innen da 部屋 rom 片付ける rydde

解説：「〜しなければならない」という表現は、主に、måtte、skulle、være nødt til (å) 〜 を用いて表現します。måtte には論理的結論「〜に違いない」という意味もあります。否定辞を加えた禁止表現「〜してはならない」は非常によく用いられます。

例文：1) "Du må rydde rommet ditt innen klokken halv fire."
2) "Du skal ordne værelset ditt før klokken halv fire."
rydde rommet を rydde opp på rommet と表現することもできます。

問題：1) なんでもかんでも思いつきで行ってはならない。(なんでもかんでも hva som helst 思いつきで på måfå)
2) 是非私たちのところにおいで下さい。(おいで下さい komme på besøk)

3) 彼が原発建設に賛成だというのは間違いに違いない。（間違い feil 賛成の for 原発建設 utbygging av kjernekraftverk）

4) 彼は休暇先から帰国しなければなりませんでした。（休暇先 feriested 帰国する reise hjem）

参考：1) と 2) の主語は dere にしてください。

語彙：（発電施設）水力発電所 vannkraftverk 風力発電所 vindkraftverk 火力発電所 gasskraftverk 浄化装置 renseanlegg 環境にやさしい miljøvennlig

---

107. 2年もすれば、ある程度ノルウェー語が話せるようになるでしょう。

単語：2年もすれば＝2年後には、ある程度 til en viss grad

解説：英語では複数の助動詞を併用する場合は書き換え（may be able to など）が必要となりますが、ノルウェー語の場合は書き換えの必要がありません。但し、一方には時制を持たせますが、もう一方には不定詞を用います。

例文：1) Om to år vil du kunne snakke norsk til en viss grad.

2) Om to års tid kan du snakke noe norsk.

2) は、現在形を未来形に代用した例です。

問題：1) その対策で支援を必要とする彼らを助けることができなければならない。（対策 tiltak 助ける støtte 支援 hjelpe 必要とする trenge）

2) 窓口では2月1日まで申請書を受け取ることができることになっています。（窓口 skranke 申請書 søknad 受け取

る ta imot)

3）彼女も申請書を送ることができるのが当然でしょう。
（当然〜です burde)

参考：日本語の最後のニュアンスを示す助動詞を主節の動詞に使用します。

語彙：(norsk) ノルウェー生まれの norskfødt ノルウェー語を話す norsktalende

---

108. ヒェーティルがスペインを気に入ってくれればと願っているよ。

単語：ヒェーティル Kjetil 気に入る like seg godt スペイン Spania

解説：ノルウェー語の助動詞 ville/skulle は、「見当がつく」かどうかで使い分けます。基本的に、見当がつく（予定される）場合には skulle を、見当がつかない場合には ville を用います。この場合、「他人が気に入るかどうか」は見当がつかないので ville を用います。skulle には måtte のように「〜しなければならない」という意味もあるので注意が必要です。

例文：1) Jeg håper at Kjetil vil like seg godt i Spania.

2) Jeg håper at Kjetil trives i Spania.

問題：1) 彼らはその木造教会で結婚式を挙げる予定です。（木造教会 stavkirke 結婚式を挙げる holde bryllup)

2) そろそろ休みにしますか？（休みをとる ta (en) pause そろそろ snart)

3) この夏ピサに行く予定つもりです。(ピサ Pisa 夏に til sommeren)

4) あなたがいないことをさみしく思うでしょう。(さみしく思う savne)

参考：3) の「〜のつもり」は ville を用います。4) のように、法的ニュアンスを加えない場合には komme til (å) を用います。

語彙：(楽しむ) 〜を楽しむ kose seg med 〜/hygge seg med 〜

109.「あのパーティーに出席しておけばよかったのに！」

単語：参加する være med

解説：(法の) 助動詞の過去形と完了形を組み合わせることで、「〜だったのに、実際にはそうしなかった/できなかった」などの表現ができます。この際、完了形の一部を構成する ha がしばしば省略されます。

例文：1) "Du skulle (ha) vært med på festen."

2) "Dere burde (ha) vært med på festen."

2) の burde は「当然〜すべき」というニュアンスが加わります。

問題：1) 契約を結ぶべきではなかったのに。(を結ぶ inngå 契約 kontrakt)

2) 彼女は約束を破るべきではなかったのに。(約束を破る bryte sitt ord)

3) 君もできたのに。

100

参考：ha は口語では殆ど省略されます。ここではどちらでも構いません。

語彙：(kunne) 自分のことができる kunne sine ting 道がわかっている kunne veien 外国語ができる kunne fremmede språk

---

110.「来週の金曜日、仕事を休ませていただけませんか？」

単語：仕事を休む være fraværende fra arbeidet

解説：許可を求めるような表現に用いられる助動詞は、kunne/kan の他、få が用いられます。(あるいは kunne と få を組み合わせた形で)。この få を用いる場合、法律や規則が前提としてあり、それを管理する者から「許可」をもらう場合に使用されます。

例文：1）"Får jeg (lov til å) være fraværende fra arbeidet (på) fredag neste uke?"

2）"Kan jeg få (lov til å ha) fri fra arbeidet (på) fredag neste uke?"

(lov til å ～) は「～するための許可」という意味で、省略することができます。

問題：1）16歳は、ノルウェーではお酒を飲んでも構いませんか？
2）彼らに内部を見せても構いませんか？
3）ハンセンさんとお話ができますか？（ハンセン Hansen）

参考：2）、3）は普段見せることができない、話せないという想

101

定にしてください。
語彙：（許可）滞在許可 oppholdstillatelse 労働許可 arbeidstillatelse ここでの喫煙は許可されていません Det er ikke tillatt å røyke her.

> 111. フランス語を勉強すれば、仕事を見つけるのが楽になるかもしれません。

単語：勉強する（ここでは）lese 見つける finne 仕事 jobb
解説：別のこと（仕事を見つける）が将来起こる前に起こること（フランス語を勉強する）を表現する際には現在完了形を用います。この際、しばしば etter at や når に導かれる従属節に用います。
例文：1) Når du har lært fransk, kan det bli lettere å finne en jobb.
2) Etter at du har lært fransk, kan du vel lettere få deg en jobb.
2) のように etter の後に節が置かれる場合には必ず at を加えます。
問題：1) 朝食を済ませたら、散歩に行きましょうか？（散歩に行く gå en tur）
2) この手紙を書いたら、郵便局に行きます。（郵便局 postkontor）
3) 学校を卒業したら何をするつもりですか？（卒業する bli ferdig på skolen）
参考：når でも etter at でもどちらを用いても構いません。

語彙：(社員) 正規社員 fast ansatte 非正規社員 midlertidig ansatte

> 112.「聞き取れませんでした。繰り返していただけますか？」

単語：聞き取れませんでした＝理解できませんでした Jeg forsto deg ikke. 繰り返す gjenta

解説：過去形を用いて表現を丁寧にすることができます。(但し、丁寧すぎる表現は相手との距離を置きたいというニュアンスを伝えることになるので注意して下さい)。また、食事中の会話で「おいしい」と表現する場合も過去形を用います。

例文：1) "Jeg forsto deg ikke. Kunne du gjenta det?"

2) "Det fikk jeg ikke tak i. Kan du være så snill å si det en gang til?"

2) の en gang til は「もう一度」という意味です。動詞 fatte は特別な場合にのみ使用できます Jeg fatter ikke hva du mener.

問題：1)「今日は何時にお店を閉められますか？」(Jeg lurer>lurte på で始めます。閉める stenge)

2) (食事中に)「おいしいです。」(味がする smake 良い deilig)

3)「来週月曜日の4人用の席 (テーブル) を予約したいのですが。」(予約する bestille 来週月曜日 mandag neste uke)

参考：1) når ではなく「何時」を用いて下さい。2) smake は

være でも構いません。

語彙：(gang) ことあるごとに gang på gang 〜を始める sette 〜 i gang (最後に) 一度だけ en gang for alle

113. 今晩ペーテルは私にあってくれるかしら？

単語：〜かしら lure på ペーテル Peter

解説：丁寧さや不確実さを増すために主節の動詞に過去形を使用することがありますが、この場合も時制の一致に従って、従属節の動詞も過去形にします。

例文：1) Jeg lurte på om Peter kunne treffe meg i kveld.
2) Jeg lurer på om Peter kan treffe meg i kveld.
過去形を用いる 1) の方がより不確実性が高いことを伝えられます。

問題：1) オーラが約束を守るようにもう一度伝えてもらえますか？（約束を守る holde sitt ord）
2) ギスレさんに伝言を残せますか？（伝言を残す legge igjen beskjed）
3) それは本当に真実なのだろうか。（真実の sann）

参考：1) は丁寧な表現で書いてください。2) は jeg lurte på で始めてください。

語彙：「おはよう」は日本では午前中に用いられる表現ですが、ノルウェーでは朝9時ごろまでの表現です。それ以降は午前中でも god dag を用います。kveld は夜中0時ごろまで用いることができます。深夜以降は natt を用います。

104

114. その日仕事がなければ、彼女とデートできるのに！

単語：〜から自由な fri fra 〜　〜とデートする gå ut med 〜

解説：「〜なら、〜なのに」(仮定法過去) は、従属節 (〜なら) に過去形の動詞、主節に助動詞の過去形と原形不定詞を用いて表現します。

例文：1) Hvis/Om jeg hadde fri fra jobben, kunne jeg gå ut med henne.
2) Hadde jeg fri fra jobben, kunne jeg gå ut med henne.
1) の hvis/om を省略すると、2) の語順になります。

問題：1) 翼があれば、君のもとに飛んでいくのに。(翼 ving 飛ぶ fly)
2) 私ならその申し出を引き受けます。(申し出 tilbud 引き受ける takke ja til)
3) 彼はまるで狂ったかのように振舞っている。(まるで〜のように som om 〜　狂った gal)

参考：3) som om 以下に過去形の動詞を用います。

語彙：(gå) 退職する gå av med pensjon　経験 (体験) する gå igjennom　支持する gå inn for　増加／減少する gå opp/ned

115. 彼は、すでにリーセフィヨルドに出かけました。

単語：リーセフィヨルド Lysefjord

解説：継続、完了、経験など、過去に起きたことが現在との関連で表現される場合には現在完了形を用います。ノルウェー語の完了形には være と過去分詞を組み合わせて特に現在の状況に焦点を当てるものと ha と過去分詞を組み合わせて動作に焦点を当てるものがあります。前者は bli や移動を示す動詞など特定の場合にのみ用いられます。

例文：1) Han er alt reist til Lysefjord.
2) Han har alt reist til Lysefjord.

「既に」alt の代わりに allerede を用いても構いません。

問題：1) 何度もロンドンに行ったことがあります。
2) その優秀な技師は3年前に亡くなっています。(完了形で、亡くなって død)
3) イングンは今週高校を卒業しました。(イングン Ingunn 高校 videregående skole)

参考：3) のような時間に幅がある副詞と現在完了形を併用することは可能です。

語彙：(reise) 素敵なご旅行を (Vi ønsker deg) god reise/lykke på reisen!

---

116. ヒルデがバス停に到着した時にはバスは既に出発した後で、30分ほど次のバスを待たなければなりませんでした。

単語：ヒルデ Hilde バス停 bussholdeplass 出発する gå 〜を待つ vente på 〜

解説：過去の出来事（バス停に到着）以前の出来事（バスの出

発)を表現するのに過去完了形が使用されます。過去完了形単独で使用されることは殆どありませんが、丁寧な表現などで単独で使用される場合があります。(但し、過去の2時点で時間がずれているとしても、必ずしも過去完了を用いない場合もあります)。

例文：1) Da Hilde kom til bussholdeplassen, hadde bussen allerede gått, og hun måtte vente på den neste (bussen).

2) Etter at bussen alt hadde gått, kom Hilde til bussholdeplassen, og hun måtte vente på den neste (bussen).

問題：1) 私が学生寮に越してきた時、イェンスは既に3年そこに住んでいた。(学生寮 studenthjem 越してくる flytte inn イェンス Jens)

2) トリグヴェは宿題をしてから休みました。(トリグヴェ Trygve 休む legge seg)

3)「素敵だったでしょうね！」(素敵な fin)

参考：3) は単独で過去完了を使用する例です。

語彙：(holde) 〜にしがみつく holde seg fast til 〜 〜から距離を置く holde seg unna 〜 〜を好む holde seg til 〜

---

117. アストリーが東京に来ていたらよかったのに！

単語：アストリー Astrid 〜だったらよかったのに det kunne (ha) vært fint om/ hvis 〜

解説：「(もし〜だったら) 〜だっただろうに」(仮定法過去完了)の場合は、助動詞の過去 + (ha) + 過去分詞で表現します。

例文：1) Det kunne (ha) vært fint om han hadde kommet til Tokyo.

2) Hvis han hadde kommet til Tokyo, ville det (ha) vært fint.

3) Hadde han kommet til Tokyo, ville det (ha) vært fint.

1) この場合 om と hvis は交換可能です。2) の hvis/om を省略すると 3) になります。語順に注意して下さい。

問題：1) 昨日時間があれば、あなたを訪ねていたのですが。(時間ある ha tid)

2) あの時あなたの言葉に耳を傾けていたら、今頃こんなに苦労していなかったでしょう。(耳を傾ける lytte på こんな苦労をする ha slike vansker)

3) 時間があれば、オスロに行きたい。

参考：問題には仮定法過去完了でないものも含まれています。

語彙：Jeg vet ikke (x) hvis byen ligger på Østlandet.「その町が東ノルウェーにあるかどうかわかりません」のように hvis と om を間違える場合があります。副詞節（〜ならば）を導く場合は om/hvis の双方を用いることができますが、名詞節（〜かどうか）を導く場合は om しか使用できません。

---

118. 1945年、国連が設立されました。

単語：国連 De forente nasjoner/FN 設立する opprette

解説：ノルウェー語の受動態には主に bli + 過去分詞で表現する受動態（bli 受動態）とS型動詞を用いて表現する受動態（S型受動態）があります。前者が個別事項に、後者の方が一般的な意味合いで使用されると説明されます。しかし、実際のところ、その区別はそれほど明瞭なものではあ

りません。(但し、規定などはS型受動態でしか表現する
ことができません)。

例文：1) FN ble opprettet i 1945.

2) Man opprettet FN i 1945.

問題：1) この要塞はスヴェッレ王により建設された。(スヴェッ
レ王 kong Sverre 要塞 festning)

2) 中世魔女は火刑に処された。(一般的な意味で、魔女
heks 燃やす brenne)

3) 年末までに申請書を送付すること。(年末 årsskift 申請
書 søknadsskjema)

参考：3) のような規則/規定には S形受動態を用います。

語彙：S型受動態は bli + 過去分詞の受動態よりも文語的な表現
です。S型受動態には完了形がありません。また行為者が
明らかな場合には通常能動態を用います。

> 119. 夜が明けるころにはそれぞれの蜂起の試みが鎮
> 圧された。

単語：夜が明ける dages 蜂起 oppstand 鎮圧する slå ned

解説：中動態動詞の過去形は、受動態と異なり、過去形にするこ
ともできます。過去分詞はそれほど使用頻度が高くありま
せんが、多くの場合、現在形と同形のものが多いです。

例文：1) Da det dagedes, ble ethvert forsøk på oppstand slått
ned.

2) Ved daggry ble hvert forsøk på oppstand slått ned.

問題：1) 春になった時、木々が一斉に緑になりました。(春が来

る våres 一斉に på en gang)

2) いくらになりますか？（借りがある skyldes)

3) 記憶が正しければ、それは5月のことでした。（覚えている minnes 正しく rett/riktig)

参考：1) の主語には det を用います。

語彙：（中動態動詞）夜が明ける（不定詞/現在/過去/過去分詞） dages/dages/dagedes/dages 成功する lykkes/lykkes/lyktes/lykkes 殴りあう slåss/slåss/sloss/slåss 満足している trives/trives/trivdes/triv(e)s

---

120. 学校に入学する前、僕はとてもナーバスだった。

単語：入学する（ここでは）begynne på ナーバスな nervøs

解説：「ナーバス」だった時点から「入学する」時点を考えると未来になります。このような場合には未来を示す助動詞の過去形を使用します。「入学する」のは予定ですから、この場合 skulle を用います。

例文：1) Da jeg skulle begynne på skolen, var jeg ganske nervøs.

2) Jeg var veldig nervøs like før jeg skulle begynne på skolen.

問題：1) ギーナは5月に子供ができると話していました。（子供ができる ha barn)

2) 彼は保育園での職が得られると信じていました。（保育園 barnehage 信じる tro)

3) 彼女は遅れるかもしれないと話していましたが、幸い間に合ったようだった。(話す fotelle 遅れる komme (for) sent 間に合って i tide)

参考：3) の時制には特に注意して下さい。

語彙：まず初めに til å begynne med 最初から終わりまで fra begynnelse til slutt

---

121. じゃあ、代わりに中田さんを出席させて下さい。

単語：じゃあ（それなら）i så fall 〜させる la 〜の代わりに i steden for

解説：「〜させる」という使役表現には la + 目的語 + 原型不定詞 や få + 目的語 + til å + 動詞を用います。代わりに「（強制的に）に〜させる」tvinge + 目的語 + til å + 動詞を用いることもできます。

例文：1) I så fall kan du la Nakata delta i konferansen i stedet.
2) Da kan du få Nakata til å delta i konferansen istedenfor meg.
istendenfor meg とすると「私の代役として」という意味になります。

問題：1) 彼にそれを試させてください。(試す prøve)
2) 子供をそこに近づけさせないで下さい。(近づく nærme seg)
3) 13時までにアグネスにこれを翻訳させてください。(アグネス Agnes)

参考：2) の「～させない」の場合 til を fra にします。動詞 la の場合 ikke を加えます。

語彙：(自分で) 無理して笑った Jeg tvang meg til å le.

---

122. 彼女は彼にシグフリーを知っていますかと尋ねました。

単語：尋ねる spørre

解説：間接話法を用いる場合、時制の一致に注意しなければなりません。疑問詞がない疑問文の場合には接続詞の om を加えます。(疑問文以外の場合、接続詞には at を用います)。om 以下の従属節語順に注意して下さい。

例文：1) Hun spurte ham, "Kjenner du Sigfrid?"
2) Hun spurte ham om han kjente Sigfrid

問題：1) 彼はここに住みたいと言いました。(住む bo ～したい ville gjerne)

2) 犯人は我々にお金を持っているかどうか尋ねた。(犯人 gjerningsmann)

3) そのイタリア人は地球が太陽の周りをまわっていると唱えた。(イタリア人 italianer 地球 jord 回る gå rundt 唱える påstå)

参考：2) は「お金を身につけているかどうか」なので på seg を加えます。

語彙：(spørre) 熟考する spørre seg selv 消息を尋ねる spørre etter ～について問いただす spørre 人 ut om ～

123. 当時、私たちは誰が警察署を襲撃したのか想像もつきませんでした。

単語：襲撃する angripe 想像する forestille/tenke seg 警察署 politistasjon

解説：疑問詞のある疑問文を間接話法にする場合、疑問詞が主格となる場合にはその直後に som を加えます。

例文：1) Vi kunne ikke forestille oss hvem som angrep politistasjonen dengang.

2) Vi var ikke i stand til å tenke oss hvem som angrep politihuset den gangen.

være i stand til å ～ も「～できる」という意味です。

問題：1) どの会議室が利用されるのか知らなかった。(会議室 konferanserom 利用する benytte)

2) 彼は私に誰が訪問してきたのか尋ねました。(訪問して på besøk)

3) オーラは私にいくら借りがあるのか尋ねました。

参考：2) 時制に注意してください。

語彙：(犯罪) 殺人罪で～を起訴する sikte ～ for mord 逮捕する arrestere 裁判する saksøke 釈放する løslate

124. 教師は生徒たちに「静かにしなさい」と言いました。

単語：静かに stille 黙る tie

解説：命令文も直接話法と間接話法で書くことができます。直接話法の場合、動詞に si を用いますが、間接話法の場合「〜」の内容から「命じる」befale を用います。なお、「〜」の内容が禁止である場合には「禁じる」forby を用います。forby の場合 forbyde + 目的語 + å 〜 となり、前置詞は不要です。

例文：1) Læreren sa til elevene, "Ti stille".
2) Læreren befalte eleven å tie stille.
2) は、間接話法を用いた例です。

問題：1) 彼らは、彼に「それをするな」と言いました。（直接話法で）
2) 彼らは、彼に、それをするなと言いました。（間接話法で）
3) 両親は彼女に対して「勉強しなさい」とよく言ったものです。（直接話法で、よく〜したものです pleie）
4) 両親は彼女に対して「勉強しなさい」とよく言ったものです。（間接話法で）

参考：2) では befale ではなく be を用いるのが一般的です。

語彙：（指令）命じる påby/gi ordne til 許可する tillate 拒否する nekte

---

125. 彼らは子供たちを適切な方法でしつけました。

単語：しつける oppdra 適切な＝道理の通った fornuftig
解説：ノルウェー語では前置詞と一体化した oppdra と分離された dra opp がありますが、必ずしも意味が同じであるということではありません。一体化した動詞の方が一般的に

114

より抽象的な意味になることが多いと言えます。

例文：1) Han oppdro(g) sine barn på en fornuftig måte.
2) Han har oppdratt sine barn på en fornuftig måte.
dra opp では「引っ張り上げる」という意味になります。

問題：1) 彼はアラビア語からルーマニア語にその本を翻訳しました。（アラビア語 arabisk 翻訳する oversette）
2) コーヒーポットを（伝熱）プレートの上に置きました。（～の上に over コーヒーポット kaffekjel プレート plate）
3) 彼はブラン（サッカーチーム）に所属していた。（ブラン Brann 所属する høre til）

参考：3) は一体形でも分離形でも同じ意味になる動詞です。

語彙：（意味が異なる例）行う utrette/rette ut 正す、増える tilta/ta til 始まる、生じる oppstå/ stå opp 起床する、減少する av ta/ta av 脱ぐ

126. 彼は、私にここまで来てほしかった。

単語：～してほしかった ville

解説：法の助動詞 ville を本動詞として用い、意志や願望を表現することができます。この場合 ville (at ~) という形にします。at 以下には skulle/skal が加わります。

例文：1) Han ville at jeg skulle komme.
2) Han håpet at jeg skulle komme.
Han ville at jeg *kom* ではないことに注意して下さい。

問題：1) あなたたちにさっさと宿題をしてほしいのです。（さっさと straks）
2) 彼女は彼にすぐに来てほしかった。

3) 私は彼女に自分の研究を完了してほしい。(完了する fullføre 研究 studie)

参考：現在形 vil を使用する場合 at 以下に skal を加えます。

語彙：(komme) ～を始める komme i gang med å ～（病後）回復する komme seg

---

127. 一番近い銀行がどこにあるのか地図で教えて下さい。

単語：一番近い nærmest 地図 (で) (på) kart 教える vise

解説：「～があります（静止状態）」と表現する場合 være の他 stå や ligge が頻繁に用いられます。stå は基本的に上部から用いるものに、ligge は側部から用いるものに用います。

例文：1) Vær så snill å vise meg hvor den nærmeste banken ligger på kartet her.

2) Vis meg hvor den nærmeste banken ligger på det kartet her, er du snill.

1) の vær så snill (å) と 2) の er du snill は同じ意味です。

問題：1) バスが2台駐車場にあります。(あります holdes)

2) その町は北海に面した地域にあります。(北海 Nordsjøen ～に面した mot)

3) コップが1つ食卓の上にあります。(食卓 (spise)bord)

4) そこに数匹のワニがいます。(ワニ krokodille)

参考：3) は使える状態であると仮定して下さい。使えない状態の場合には ligge を用います。4) はワニが動いている状態を仮定して下さい。静止状態にある場合、動物には stå

や ligge を用いますが、脚があってもワニやクモなどには ligge を用います。

語彙：(stå を含む表現) 我慢できない Jeg står det ikke ut. ～象徴する stå for

---

128. 孫たちは、金曜日の夜か土曜日の朝に来る予定です。

単語：孫 barnebarn ～する予定です skulle 金曜日の夜 fredag kveld 土曜日の朝 lørdag morgen

解説：等位接続詞には og、men、eller と for があります。等位接続詞 for（というのは）と従属接続詞 fordi（なぜなら）を使用する際の語順に特に注意して下さい。

例文：1) Barnebarna skal komme på besøk enten fredag kveld eller lørdag morgen.

2) Barnebarna kommer på besøk enten fredag kveld eller lørdag morgen.

問題：1) 彼は日本人ですが、彼女はノルウェー人です。（日本人（ここでは）japansk）

2) 彼女はおばを手伝うことができませんでした。というのは、時間がなかったからです。（おば tante 手伝う hjelpe）

3) 時間がなかったので、彼女はおばを手伝うことができませんでした。

参考：2) は等位接続詞、3) は従属接続詞を用いて下さい。

語彙：(『ハムレット』いきるべきか死ぬべきか) Et være eller

ikke være -

> 129. ボールペンも紙も良くなかった。

単語：ボールペン kulepenn ～も～もない verken ～ eller ～

解説：等位接続詞を含む慣用句の一般的なものに både A og B、enten A eller B、ikke bare A, men B、verken A eller B などがあります。形容詞が述部に使用される場合、等位接続詞 og を含む慣用句の場合、形容詞を複数形にします。eller を含む慣用句の場合、形容詞を最後の名詞の性や数に一致させる必要があります。hv- と綴らないことに注意して下さい。

例文：1) Verken kulepennen eller papiret var *godt*.
2) Verken papiret eller kulepennen var *god*.
2) は形容詞の変化を明らかにするために (A) と (B) を入れ替えた例です。イタリック部分に注意して下さい。

問題：1) 母親だけでなく、子供たちも病気だった。(～だけでなく、～も ikke bare ～, men ～)
2) エーヴァもシッセルも元気ですよ。(エーヴァ Eva シッセル Sissel)
3) どちらか1つではなく、両方です。(どちらか1つ enten – eller 両方 både – og)

参考：3) の enten – eller、både – og は特別な表現です。

語彙：(både/verken) 笑いながら泣きました Jeg både lo og gråt.
賛成でも反対でもありません Jeg er verken for eller imot.

> 130. 彼女には、その噂が真実かどうかわかりませんでした。

単語：噂 rykte 真実の（本当の）sann

解説：数多くある従属接続詞の中でも at「～ということ」と om「～かどうか」は特に用いる頻度が高いものです。英語の if と混同し、「～かどうか（知らない）」という部分に hvis を用いるのは間違いです。

例文：1) Hun visste ikke om ryktet var sant.
2) Om ryktet var sant, visste hun ikke.
2) のように従属節で始める場合、コンマを忘れずに加えてください。

問題：1) 彼が来るのは確かです。（確かな sikker）
2) イーナはそれが正しくないと指摘しました。（イーナ Ina 指摘する peke på）
3) 彼はイェルゲンがその町に宿泊したのかどうか知りません。（イェルゲン Jørgen 宿泊する bo）

参考：「～したか否か」は om ~ eller ei/ikke と表現することができます。

語彙：（噂）～だそうです de/man sier/det sies 噂がある det ryktes/(man) hører rykter om ～

> 131.（薄着のまま）外出して寒さに震えるよりも、厚着する方がいいだろう。

単語：寒さに震える fryse 着る ta på seg 厚着（この場合）mye klær
解説：接続詞 at が同一の動詞の後で複数回使用される場合、最初の at は省略することができますが、それ以降の at を省略することはできません。（薄着のまま）は訳す必要がありません。
例文：1) Det er bedre (at) du tar på deg for mye klær enn at du går og fryser.
2) At du tar på deg for mye klær, er bedre enn at du skal gå og fryser.
問題：1) 君が日本に来るよりも私がノルウェーに行く方がいいだろう。(都合がいい passende)
2) 東京で家を買うよりも借りる方が現実的です。(現実的な aktuel 借りる leie)
3) 米国に行く計画がありますが、いつ実現できるかわからないと話していました。(計画 plan 実現する virkeliggjøre)
参考：3)「～そして～と話した」という間接話法にして下さい。
語彙：(ta) 話始める ta i orde 元気を出しなさい Du må ta seg sammen. 間違う ta feil チャンスに賭ける ta sjanser

> 132. 湖が凍っている間、子供たちはそこでスケートをします。

単語：スケートをする gå på skøyter
解説：「〜している間」は、(i)mens、så lenge や idet を用いて表現します。mens には Han var hjemme, mens hun var ute. のように「一方〜は」という意味もあります。
例文：1) Barna går på skøyter der så lenge det er is på vannet.
　　　2) Mens vannet er islagt, går barna på skøyter der.
問題：1) 夏が続く間は、ここは概して暖かいですよ。(概して stort sett 続く vare)
　　　2) 彼が話していた間、彼女はメモを取っていました。(メモを取る notere)
　　　3) 花婿が調理している間、花嫁は掃除をしていた（調理する lage mat 花婿 brudgom 花嫁 brud)
参考：under「〜中」を用いて書けるものもあります。
語彙：(スキーを含む表現) (クロスカントリー) スキーをする gå på ski スキーでジャンプする hoppe på ski スキーを履いて (med) ski på be(i)na

> 133. 関係省から許可が下りないため、テレビ撮影が延期されます。

単語：関係する vedkommende 省 departement テレビ撮影 fjernsynsopptak 延期する utsette

解説：原因や理由を導く代表的な接続詞に for、fordi、siden、da、ettersom などがあります。最初の for 以外は従属接続詞ですので、否定辞などの文副詞が含まれる場合には語順に注意して下さい。

例文：1) Da vi ikke har fått tillatelsen fra vedkommende departement, skal fjern- synsopptaket utsettes.

2) Fjernsynsopptaket utsettes, fordi vi ikke har fått tillatelsen fra vedkommende departementet.

問題：1) 彼らには都合が悪いので、別の日を見つける必要性があります。(都合がいい passe)

2) その気も時間もないので、その試験は受けません。(その気 lyst 〜も〜もない verken 〜eller 〜 受ける ta 試験 eksamen)

3) 子供たちが小さいので、まだ手がかかります。(世話をする stelle)

参考：3)「多くの時間を子供の世話に使用します」と書きます。

語彙：ettersom を etter som とすると、「しだいに・〜するにつれて」という意味になります。「年が経つにつれて悪化した」Det ble verre og verre etter som årene gikk.

---

134. 彼らは四六時中騒いでいました。だから、私は一睡もできませんでした。

単語：四六時中 hele døgnet rundt 騒ぐ bråke 一睡も＝まったく

解説：結果節を導く接続詞として一般的に så at、så、slik at や sånn at が用いられます。så 〜 at「非常に〜なので at 以

下」という表現も一般的です。
例文：1) De bråkte hele døgnet rundt, så jeg ikke fikk sove i det hele tatt.

2) De bråket døgnet rundt slik at jeg slettes ikke kunne sove.

slik at の前にコンマは不要ですが、så の前には必要です。
問題：1) 彼は病気だったので、昨日来ることができなかった。

2) 海岸の近くに住んでいますので、毎日釣りに出かけられます。

3) 非常に遅かったので、駅からタクシーに乗らなければならなかった。

参考：「タクシーに乗る」は ta (en) drosje です。
語彙：（タクシー）〜の（ために）タクシーを呼ぶ ringe etter en drosje til 〜 タクシーを待つ vente på en drosje

---

135. 「今晩雨になるなら、代わりに映画館に行きましょう。」

単語：映画館 kino （〜）の代わりに isteden(for)/i stedet (for 〜)
解説：従属節が主節の前に置かれている場合や比較的長い前置詞句が主節の前に置かれている場合、従属節や前置詞句の後にコンマを加えます。3つ以上のものを列記する場合にも a, b og/eller c とコンマを加えます。
例文：1) *Hvis det regner i kveld*, går vi på kino isteden/istedet.

2) Vi går på kino isteden *hvis det regner i kveld*.
問題：1) 従属節で始める場合、その後にコンマを加えなければ

なりません。(従属節 leddsetning 加える sette コンマ komma)

2) セミナーに出席して昼食をとる(ため)には、100クローネの費用を払わなければなりません。(セミナー seminar ~の費用 avgift på)

3) ジャガイモと人参と玉ねぎを買ってきてくれる？(人参 gulrot 玉ねぎ løk)

参考：2) は for å で始めてください。3) のジャガイモなどは複数形を用います。

語彙：(記号) ハイフン bindestrek ピリオド punktum 疑問符 spørsmålstegn 感嘆符 utropstegn

---

136. 彼女の処女作は『知事の娘たち』で、現在では女性解放運動のバイブルとされる。

単語：『知事の娘たち』Amtmandens Døtre 女性解放運動 Kvinnebevegelse バイブル(この場合) en rikitig bok AをBと見なす betrakte A som B

解説：等位接続詞 men の前には必ずコンマ (,) を加えます。接続詞 og の場合、og の前後の文が比較的短い場合にはコンマを加える必要はありません。長い場合や接続詞の前後で大きく意味が変わる場合にコンマを加えます。この他、関係代名詞の非制限用法などの挿入句がある場合や間投詞の後にもコンマを基本的に加えます。

例文：1) Hennes første bok heter *"Amtmandens Døtre"*, og den betraktes som en viktig bok for kvinnebevegelsen.

2) Hennes første bok bærer tittelen *"Amtmandens Døtre"*, og den betraktes som en viktig bok for kvinnebevegelsen nå.

amt は古い単語で、現在の fylke に相当します。

問題：1) それは君のものではなく、わたしのものです。（君のもの ditt）

2) 表を参考にして平均値を求めなさい。（参考にする slå opp i 表 tabell 平均値 gjennomsnitt）

3) 彼の本は『4人の偉人』といって、極地探検家を扱っています。（『4人の偉人』De fire store 極地探検家 polfarer 〜を扱う handle om）

4) Heng ham *ikke*, vent til jeg kommer! と Heng ham, *ikke* vent til jeg kommer. を訳しなさい。（henge 絞首刑に処す）

参考：4) は、コンマで大きく意味が変わる例です。

語彙：（自治体）コムーネ（市町村）kommune フィルケ（都道府県）fylke

---

137. 彼らは、今はそれほど寒くないと言いました。

単語：寒い kald

解説：at という接続詞はしばしば省略されますが、at が省略されていない場合に従属節の文頭に主語以外の要素が置かれることがあります。at が省略される場合には文頭には必ず（従属節内の）主語が置かれます。ここでは従属節内の文頭の位置に「今は」を置いて書いてください。

例文：1) De sa at nå var det ikke kaldt ute.

2) De sa (at) det ikke var kaldt ute nå.

3) De sa, "Det er ikke kaldt ute nå."
問題：1) ミカは、フィンランド語を話すのは難しくないと言います。(at を省略せずに、ミカ Mika)
2) 同上 (at を省略した場合)
3) 内乱がこれ以上長期化しないことを願っています。(内乱 borgerkrig 続く vare これ以上〜ない ikke lenger)
参考：2) のようにフィンランド語を前に出す場合、その語が強調されます。
語彙：(水温) 沸騰した kokt/kokende 熱い veldig varmt 暖かい varmt 涼しい kjølig 冷たい kaldt 非常に冷たい iskaldt

---

138. ブリックスダールを訪問する時は、ペールのところに泊っています。

単語：ブリックスダール Briksdal 泊る bo
解説：「〜する（した）時」を表現する場合 når や da を用います。når は現在形でも過去形でも用いますが、da は過去形とのみ用います。når は1回でも繰り返される場合でも用いられますが、da は通常一回的な出来事に用います。
例文：1) Hver gang jeg besøker Briksdal, bor jeg hos Per.
2) Når jeg besøker Briksdal, er jeg hos Per.
問題：1) 南ノルウェーに来るたびに、11年前に一緒に旅行した母を思い出します。(南ノルウェー Sørlandet)
2) 南ノルウェーに来た時、11年前に一緒に旅行した母を思い出した。
3) アンネと約束があるから15分後にここを離れます (離

れる forlate)
参考：1) では hver gang を用いても表現することができます。
語彙：da には「その時（ノルウェーはデンマークと同君連合にありました）」 Da var Norge i union med Danmark.「じゃあ／それでは（それは何ですか）」 Hva er det da? などの意味もあります。Da Norge var i union med Danmark「ノルウェーがデンマークと同君連合にあった時」と比較し、語順に注意して下さい。

---

139. クリスチャンはハーマルで林業に従事しています。

単語：ハーマル Hamar 林業 skogbruk 従事する drive med
解説：特に「内陸部」の地名と用いられる前置詞には注意が必要です。原則的には på が用いられますが、地方自治体（県や市町村）での意味の場合には i が用いられます。「西ノルウェー」など地域名の場合は på (Vestlandet) が用いられますが、「北ノルウェー」の場合のみ i (Nord-Norge) を用います。
例文：1) Han driver med skogbruk i Hamar.
2) Han arbeider i skogbruksektoren i Hamar.
Hamar は、この場合、コムーネ（市町村単位の自治体）名称とします。
問題：1) その学生寮はファントフト（地区）にあります。（学生寮 studenthjem ファントフト Fantoft)
2) 私の学生の1人がアイスランドで『ニャールのサガ』

を研究しています。
　（アイスランド Island『ニャールのサガ』Njåls saga）
　3）ベルゲンは西ノルウェーにあります。

参考：2）のアイスランドの場合、旧植民地という意識があるため på がしばしば用いられます。植民地だった島国フィリピンやスリランカも i と på の両方が用いられます。

語彙：（産業）農業 landbruk（小規模）農業 småbruk 漁業 fiskeri 捕鯨 hvalfangst 養殖業 oppdrett 鉱業 gruvedrift 工業 industri 産業 næringsliv

---

140. ヘムセダールの山小屋を2週間借りました。

単語：ヘムセダール Hemsedal 山小屋 hytte 借りる leie
解説：期間を表現する場合、一般的に i を用いますが、否定辞がある場合や「3時間で（する）」のように時間を強調する場合には på を用います。契約期間など予め決められた期間を示す場合には for を用います。
例文：1）Jeg leide hytta i Hemsedal for to uker.
　2）Vi fikk låne hytta i Hemsedal i fjorten dager.
　お金を出して借りるのは leie で、無料で借りるのが få låne です。
問題：1）彼から自転車を3日間借りました。（自転車 sykkel）
　2）旅行社にホテル・ノルゲの2日間の予約をしてもらいました。（旅行社 reise- byrå 予約する booke (noen inn på) 〜してもらう få (noen) til (å gjøre noe) ホテル・ノルゲ Hotell Norge）
　3）中山さんがたった1年でスウェーデン語を習得したと

は信じられないよ。(修得する lære seg å mestre)
参考：1) は通常の表現、2) は契約期間、3) は時間を強調する例です。2) の使役動詞の使い方に注意して下さい。
語彙：(hytte) 山の／湖畔のヒュッテ hytte på fjellet/ved sjøen 休暇中ヒュッテにいる være på hytta i ferien

---

141.「面接後、3階の私の事務所まで来てください。」

単語：面接 intervju 事務所 kontor
解説：「〜の後で」は一般に etter を用いて表現します。「放課後」etter skoletid のように句の場合にはそのまま、節の場合は「私が到着してから」etter at jeg er fremme と at を加えます。etterpå は単独で「その後」という意味です。
例文：1) "Vær så vennlig å komme til mitt kontor i tredje etasje etter intervjuet."
2) "Vær så snill og kom til mitt kontor i tredje etasje etter at du har hatt intervjuet."
Vær så vennlig og の場合は、命令形の動詞を後に置きます。Vær vennlig å の場合は、不定形動詞を用います。
問題：1) 兄の帰郷後、私は札幌に彼を訪ねました。(帰国 hjemkomst)
2) 夜食を食べた後も勉強しなければならなかった。(夜食 kveldsmat 〜しなければならない være nødt til (å) 〜)
3) 後で何をしよう？
参考：2) の「〜の後」には過去完了形を使います。

語彙：(etter) 週明けに etter helgen 散々ああでもない、こうでもないと迷ったあげく etter mange om og men 道なりに進む fare etter veien

---

142. 3年前にトロムセー大学を卒業しました。

単語：トロムセー大学 universitetet i Tromsø 卒業する（終える）bli ferdig

解説：英語の ago に相当する「〜前」という場合には for 〜 siden/tilbake などの表現を用います。強調構文で用いる場合 for が脱落します。英語の before「以前に」に相当する単語は før ですが、この場合は使用できません。

例文：1) For tre år siden ble jeg ferdig på universitetet i Tromsø.
2) Det er tre år siden jeg ble ferdig på universitetet i Tromsø.
2) は強調構文を用いた例です。

問題：1) ダーグは約4年前にノルウェー国営放送に雇われました。（ダーグ Dag 雇う ansette ノルウェー国営放送 NRK = Norges rikskringkasting）
2) 地震があったのは少し前のことです。（地震 jordskjelv 少し前 en stund）
3) 最後オスロにいたのは何年前だった？

参考：2) は「地震」に未知形名詞を使用して下さい。3) は hvor mange år を用いて書くことができます。

語彙：(siden) その時から fra siden/da av のように siden を単独で用いることもあります。Jeg har ikke sett henne siden.

「その時から彼女に会っていません」。

> 143. そのフラットの前に数台の消防車が止まっていた。

単語：フラット（アパート）leilighet 消防車 brannbil

解説：場所的な意味で「〜の前に」を表現する場合は foran や fremfor を用います。「机の前に（座っています）」のような場合には ved を用います。（但し、時間的な意味合いで foran が使用されることもあります。i tiden som ligger foran oss「私たちに与えられた時間内に」）。

例文：1) Foran leiligheten var det noen brannbiler.
2) Ved leiligheten var det noen brannbiler.
Ved は「〜付近に／〜あたりに」という意味です。

問題：1) 6時にハチ公前で会いましょう。（ハチ公 Hachiko-statuen）
2) それはあなたのまん前にありますよ。（まん前に rett framfor）
3) 選挙前、緊張が高まっていた（緊張状態がありました）。（緊張した spenndende 選挙 valg）

参考：3) 場所以外で foran を使用する例です。

語彙：(foran) 車の前部座席に座る sitte foran i bilen 最初によい例を挙げる gå foran med et godt eksempel 前の自動車 bilen foran

> 144. 容疑者は、先週彼女のもとを訪ねていた。

単語：〜ということが明らかになる vise seg (at) 〜 容疑者 den/de mistenkte 〜のもと hos 〜

解説：前置詞 hos「〜のもとを・〜のもとで/に」を用いて、例文をノルウェー語訳することになります。先週は forrige uke でも siste uke でも、ここでは構いません。

例文：1) Den mistenkte hadde vært på besøk hos henne siste uke.
2) De mistenkte hadde besøkte henne forrige uke
2) は複数の容疑者の場合です。

問題：1) ひろ子さんは美容院にいますよ。(美容院 damefrisør)
2) ネスさんの本でこれを読んだことがあります。(ネスさんの本で hos Næss)
3) 今、私のところにありますよ。
4) 彼らは私のところに泊っています。

参考：2) hos Næss を i boka til Næss としても構いません。

語彙：(hos) 近所の人のところに一緒にいる være i selskap hos naboen

> 145. お風呂を出た時に、少しめまいがして頭をぶつけました。

単語：〜頃 ved お風呂 badstue めまいがする føle seg svimmel ぶつける slå 頭 hode

解説：「（だれか）の（部位）を〜する」と表現する場合、人称代名詞目的格に前置詞 i または på とその部位を示す既知形名詞を用います。前置詞の区別はその後の既知形名詞によって決まります。

例文：1) Da jeg kom ut av badet, følte jeg meg svimmel, så jeg falt og slo meg i hodet.
2) Jeg slo hodet (mitt) da jeg ble svimmel etter badet.

問題：1) その子供は鼻をかきました。（かく klø）
2) 彼は彼女の頬に触れた。（頬 kinn 触れる klappe）
3) 私は彼の手を引っ張った。（引っ張る dra）

参考：1) と 2) の前置詞は på です。1) で i を用いることもできますが、内側の「鼻孔」をかくという意味になります。

語彙：(slå) ふと〜だと思った Det slo meg at 〜 照明の電源を入れる／切る slå på/av lyset 〜と主張する slå fast/fastslå

---

146. 天気予報によると、今晩から雪になるということです。

単語：天気予報 værmelding 〜によると ifølge 〜

解説：「〜によると」は一般に ifølge や etter で表現します。Ifølge は人ばかりでなく、無生物を用いた表現も可能です。etter は etter det (som) 〜という形で用いられることが多いです。

例文：1) Ifølge værmeldingen blir det regn fra i kveld.
2) Værmeldingen tyder på at det vil regne fra i kveld.
2) の動詞には vise や si を用いることもできます。

問題：1) 法律では二重国籍を持つことができません。(二重国籍 dobbelt statsborgerskap 法律 lov)

2) 新聞では犯人に昨日3年の実刑（懲役）判決が下ったということです。(犯人 gjerningsmannen 〜の刑が下る bli dømt til 実刑（懲役）fengsel)

3) 私が聞いたところによると、それはオスロにもあります。

参考：3) は etter det を文頭に置いて書いてください。

語彙：(〜によると) 法律/運用規則によると ifølge loven/forskriftet 専門家によると ifølge ekspertene/etter det ekspertene sier

147.「1時間で戻ってきます。」

単語：(1時間で＝1時間) 以内に innen 戻って tilbake

解説：「〜以内に/〜までに」を表現する際には innen を用います。数詞を用いない場合にも、例えば「金曜日までに」innen fredag(en) などとして用います。

例文：1) "Jeg kommer tilbake innen en time."

2) "Jeg kommer tilbake i løpet av en time."

3) "Jeg kommer tilbake om en time."

状態に焦点を当てて være を用いることも可能です。2) i løpet av は「1時間経過する間に」、3) は「1時間後に」という意味です。

問題：1)（請求書）月末までに上記の金額を支払うこと。(金額 pengebeløp 上記の nevnt 月末 månedsskiftet)

2) 7月1日までに仲條さんに申請書類を送って下さい。(〜してください＝あなたには〜するように依頼します

De bes ~ 申請書類 søknadsskjema）

3）それは 君の手が届くところにあります。（手の届くところ rekkevidde）

4）問題は家族内で決着をつけるでしょう。（決着をつける ordne 問題 sak）

参考：3）は期限ではない場合に使用される innen の例です。「家族内で」も innen familien と表現できます。

語彙：（innen を含む表現）短時間で innen kort tid 今夜中に innen kvelden「1月31日まで」という表現で1月31日が含まれることを明示する場合には til og med/tom. den 31. januar と表現します。反対は fra og med/f.o.m. です。

---

148. ノルウェーとロシアの国境線は196kmに及びます。

単語：AとBの国境線 grensen mellom A og B

解説：「～の間の/で/に」は (i)mellom を用いて表現します。空間的な意味だけでなく、数量的な表現にも用います。

例文：1）Grensen mellom Norge og Russland er 196 km lang.

2）Grensen mellom Norge og Russland har en lengde på 196 km.

問題：1）郵便局（本局）は警察と幼稚園の間にあります。（郵便局 posthus 警察 politistasjon 幼稚園 barnehage）

2）2度の世界大戦の間ノルウェーは（経済的に）困難な時代にあった。（世界大戦 verdenskrig 困難な vanskelig）

3）噂は人から人へと伝わった。（噂 rykte 拡がる spre

seg)

参考：1) の名詞は既知形名詞を使います。2) の動詞は ha を用いてください。

語彙：(mellom) ここだけの話 mellom oss sagt 行間を読むようにしなさい Prøv å lese mellom linjene.

149.「ところで、君はEU加盟に賛成かい、それとも反対なのかい？」

単語：ところで for resten EU加盟 EU-medlemskap（未知形で使用）

解説：「賛成（です）」や「反対（です）」は (være) for/mot で表現します。mot には「〜に向かって」や「〜と対比して」という意味もあります。

例文：1) "For resten, er du for eller mot Eu-medlemskap?"
2) "Er du forresten for eller mot EU-medlemskap?"
for resten は1語として綴っても構いません。文頭にも文中にも置くことができます。

問題：1) イレーネはその採択には反対です。(採択 vedtak)
2) シンデレラの継母は彼女に辛くあたりました。(シンデレラ Askepott 継母 stemor 〜に辛く当たる være slem mot 〜)
3) その魚は私の釣った魚と比べると大したものではないな。(魚 fisk 大したものではない ingenting 〜と比べると mot 〜)

参考：3) では Den fisken を主語にして下さい。

語彙：(mot を含む表現) 意に反して mot sin vilje 禁煙 forbud mot røyking 反対する motsette seg (til) 〜に対して i motsetning til 〜

---

150. 水曜日レーロスに行きます。夜間の運転は嫌なので、日中運転します。

単語：レーロス Røros 〜なので da 〜 運転する kjøre
解説：om と一日の時間帯を示す単語 dag や natt の既知形を組み合わせることで「その時間帯に」という表現を行うことができます。これは過去にも未来にも用いることができます。なお、om dagen など同じ表現で「毎日」など「毎〜」という意味にもなります。
例文：1) (På) Onsdag skal jeg til Røros. Jeg liker ikke å kjøre (bil) om natten, så jeg kjører om dagen.
2) På onsdag skal jeg til Røros. Da jeg ikke liker å kjøre om natten, kjører jeg om dagen.
問題：1) その夜遅くにコペンハーゲン行きの夜行にのりました。（コペンハーゲン København 夜行 nattog/natt-tog）
2) 毎朝朝食を摂っています。（朝食 frokost）
3) 最近佐野さんに会いました。（最近 nå om dagen）
参考：1) のように「早く/遅く」tidlig/se(i)nt を加える場合には om の代わりに på を用いることもできます。
語彙：(dag) 素敵な一日を Ha en god dag! 今日（こんにち）/昔 i våre/gamle dager

> 151. 彼女がデンマークから帰国して以来ずっと会っていませんね。

単語：デンマーク Danmark ～して以来 siden/sia
解説：過去のある時点から現在（または過去）までの期間を表現するには完了形が用いられます。開始時点を示すにはsidenを用います。単独では「それ以降」という意味です。なお、sidenには原因や理由を導く場合にも用いられます。
例文：1) Jeg har ikke sett henne siden hennes hjemreise fra Danmark.
2) Jeg har ikke møtt henne siden hun reiste hjem fra Danmark.
問題：1) 先週からそのお医者さんは風邪をひいて寝ています。
2) クリスチャン4世が生きていたのはもう300年以上前のことです。（クリスチャン4世 Christian IV ～以上 over ～）
3) 礼状をまだ書いていないのですか？（礼状 takkebrev）
参考：2) は「クリスチャン4世が生きた時代から300年以上たった」とします。
語彙：(siden) 最初に君でそれから私 først deg, siden meg（前回から）ご無沙汰いたしております (Det er) lenge siden sist.

> 152. 祖父は夏には退院することになっています。

単語：祖父 bestefar 退院する skrives ut
解説：前置詞と季節が結び付いた表現として om sommeren

「(毎)夏に」、i sommer「(過去・現在・未来)この夏に」と til sommeren「夏には」があります。

例文：1) Bestefar skal skrives ut av sjukehuset til sommren.
2) Bestefaren min skrives ut av sykehuset til sommeren.
親族の場合 bestefar(en) min のように既知形にしなくても構いません。

問題：1) 私は秋にフランスに行くかもしれません。(かもしれない kan hende)
2) 日本の学校は春に始まります。(毎年春に)
3) この冬ハシュターを訪問した。(ハシュター Harstad)

参考：1) kan hende は kanskje のように用います。従って hende とは別の動詞が必要です。

語彙：(夏)(気温20度以上の)夏日 sommerdag 夏至 sommersolverv サマータイム sommertid

---

153. 朝食の間、家族は前日の洪水による被害について話した。

単語：〜の間 under 前日 dagen før 洪水による被害 flomskade

解説：時間的な広がりを持つ既知形名詞の前に under を置くことで、「〜中に」や「〜下に」という表現ができます。「〜」に節が来る場合には (i)mens を用います。

例文：1) Under frokosten snakket familien om flomskaden som skjedde dagen før.
2) Mens familien spiste frokost, snakket de om flomskaden som skjedde dagen før.

例えば flomskaden som skjedde dagen før *da de spiste frokost* とすると、「朝食を取った前日に起きた洪水の被害」と誤解される場合があります。

問題：1）親戚の1人は戦時中スウェーデンで暮らしていました。（親戚 slektning）

2）滞在中に何度がその劇場に行ったことがあります。（滞在 opphold その劇場に行く gå i teatret）

3）スキャンダルは現在調査中です。（スキャンダル skandale 調査 etterforskning）

参考：3）は ～ etterforskes nå. と表現することもできます。

語彙：(under) 2階下に住んでいる bo to estasjer under 道が水没している Veien står under vann.

---

154. アメリカに旅立たなければ、彼はその夢をかなえることができませんでした。

単語：～しなければ uten at ～ 夢 drøm 叶える oppfylle アメリカ Amerika

解説：「～しなければ」は、否定辞を用いずに、utenat や med mindre などでも表現することができます。uten at を使用する際、主節と従属節の主語が同じ場合に限り uten å で表現することができます。

例文：1）Drømmen kunne ikke oppfylles uten at han reiste til Amerika.

2）Han kunne ikke oppfylle drømmen uten å reise til Amerika.

3) Med mindre han reiste til Amerika, kunne drømmen ikke oppfylles.

2) は uten at han reiste til Amerika と書き換えることができます。

問題：1) 生徒が互いに競わなければ、これが実現されることはなかった。（競う konkurrere 実現される realisere）

2) 涙を流すことなく、彼は犯行現場を立ち去った。（涙 tåre 流す felle 犯行現場 åsted 去る forlate）

3) モータを分解しなければ修理できなかった。（分解する ta ~ fra hverandre 修理する reparere）

参考：2) は「一粒の涙を流すことなく」と表現します。

語彙：（電気関連）ケーブル ledning コンセント kontakt アース jording

---

155. カトリーネを除く全員がスイスへの研修旅行に参加しました。

単語：カトリーネ Katrine スイス Sveits 研修旅行 studietur

解説：「〜を除いて」は、一般に unntatt、unntagen や bortsett fra を用いて表現します。文語的な表現 med unntak av を用いても構いません。

例文：1) Alle unntatt Katrine deltok i studieturen til Sveits.

2) Bortsett fra Katrine var alle med på studieturen til Sveits.

ここでは「〜への」研修旅行なので i 〜とはできません。

問題：1) 主任を除き、全員がその提案に反対した。（主任 sjef

提案 forslag)

2) 耳が遠いことを除けば、彼はとても元気です。(耳が遠いこと dårlig hørsel)

3) 日本を除くすべての加盟国が条約に批准した。(加盟国 medlemsland 条約 traktat 批准する ratifisere)

参考：1) と 2) は bortsatt fra、3) は med unntak av を用いて書いてください。

語彙：(例外) 例外なく uten unntak 例外とする unnta いくつかの句読点の間違いを例外とすると når en unntar et par kommafeil

---

156. オルフリーの他、7人が祖母の誕生日に集まります。

単語：〜の他 utenom オルフリー Olfrid 集まる samles 誕生日 fødselsdag

解説：「〜の他に」は、utenom、foruten や「〜に加えて」i tillegg til を一般に用います。utenom には更に「〜の外側で・〜のまわりで」という意味もあります。

例文：1) Utenom Olfrid er det syv personer som skal samles på fødselsdagen til bestemor.

2) I tillegg til deg skal sju personer samles på fødselsdagen til mormor.

mormor は母方の祖母、farmor は父方の祖母です。

問題：1) 彼には固定給以外に多くの副収入があります。(固定収入 den faste inntekten 多くの副収入 mye ekstra 稼ぐ tjene)

2) バイキング船は暗礁の外側を進んだ。(バイキング船 vikingsskip 暗礁 skjær 進む gå)

3) その時、オースビールの他、多くのノルウェーのビールが提供されていました。(オースビール Aass 提供する servere)

参考：3) のオースビールは固有名詞です

語彙：外に出なさい Gå utenom! 他の可能性/方法はない ingen vei utenom

---

157. 117に電話すると、情報を入手できます。

単語：〜すると（〜することで）ved 電話する slå 情報 opplysning

解説：前置詞の ved には様々な意味がありますが、「〜することで」、「〜により」という意味もあります。

例文：1) Ved å slå 117 kan du få opplysninger.

2) Hvis du slår 117 kan du få informasjoner.

3) Ved hjelp av 117 kan du få opplysninger.

2) の hvis は når や hvis を除いた倒置語順でも構いません。

問題：1) 辞典で調べると jernbyrd の意味がわかるでしょう。(辞典 leksikon 調べる slå opp (i) わかる finne ut)

2) 宣伝を増やしたことで、売り上げが3倍になった。(宣伝 annonsering 3倍にする tredoble 売り上げ salg)

3) まったく偶然に彼らは同じホテルに宿泊した。(まったくの偶然 en ren tilfeldighet)

参考：3) は「〜により」と原因をしめす ved を用います。

語彙：(ved) ストーブで暖まる varme seg ved ovnen あなたには

143

関係がない Det vedkommer deg ikke.

> 158. この町は、北欧最大の大聖堂で有名です。

単語：町 by 大聖堂 domkirke

解説：「〜で有名です」という表現には一般に være berømt for や være kjent for という表現を用います。berømt や kjent は、主語が中性名詞単数形の場合には -t をつける必要がありません。

例文：1) Denne byen er berømt for Nordens største domkirken.

2) Den her byen er kjent for den største domkirken i Norden.

「この」を den/det her 〜、「その」を den/det der 〜とすることも可能です。北欧3カ国の場合 Skandinavia、北欧5カ国の場合 Norden を用います。

問題：1) そのお寺はアジサイで有名です。(お寺 tempel アジサイ hortensia)

2) この店はジーンズの品ぞろえで有名です。(ジーンズ olabukser 品ぞろえ utvalg)

3) 彼らは横柄で悪名高い。(悪名高い beryktet 横柄さ arroganse)

参考：「品ぞろえが良い」には god を用います。因みに逆は dårlig を用います。

語彙：(kjent) 広く知られた vidt kjent その彫刻家は全国で知られている Billedhoggeren er kjent over hele landet.

159. コーレはいつも（習慣として）早く寝ます。

単語：コーレ Kåre 寝る（床に就く）legge seg
解説：「〜する習慣です」は pleie (å) 〜という表現を一般的に用います。口語では不定詞マーカー (å) がしばしば省略されますが、その影響で文語でも時々省略されることがあります。
例文：1) Kåre pleier å legge seg tidlig.
2) Kåre pleier å gå til sengs tidlig.
til *sengs* の s は昔の前置詞による格支配の名残です。
問題：1) 夏休み中、彼はいつも父親と釣りに出かけた。（釣りに行く dra på fisketur 夏休み sommerferie）
2) 彼は図書館でいつも宿題をします。（図書館 bibliotek）
3) 会うと、二人は決まって喧嘩をした。
参考：「いつも/決まって」は習慣を表すと理解し、pleie だけで表現できます。
語彙：(pleie) 患者/肌をケアする pleie pasienter/sin hud

160. それは、君の努力次第です。

単語：〜次第です komme an på 〜
解説：「〜次第です」は komme an på や være avhengig av を用います。あなたの努力は、「あなたが努力するかどうか」または「どれくらいあなたが努力するか」としても構いません。
例文：1) Det kommer an på dine anstrengelser.
2) Det kommer an på om du anstrenger deg.

3) Det kommer an på hvor mye du anstrenger deg.

「あなた次第です」で Det kommer an på deg selv. とも表現できます。

問題：1) 彼らに経済的余裕があるかどうか次第です。(経済的余裕 råd)

2) 試験の結果次第です。(試験の結果 eksamensresultat)

3) その国の平和は国連軍次第です。(平和 fred 国連軍 FNs styrke)

参考：3) では være avhengig av を用いて下さい。

語彙：(avhengig) 依存した avhengig 独立した uavhengig 彼らは相互的に経済的に依存している De er økonomisk avhengig av hverandre.

---

161. 老齢者介護に関しては、デンマークは最も進んだ国の1つです。

単語：老齢者介護 eldreomsorg 最も進んだ国 mest utviklet land ～に関しては når det gjelder ～

解説：「～に関しては」という表現には når det gjelder ～、hva ～ angår、med hensyn til ～ を用います。utviklingsland としてしまうと、「後進国/発展途上国」という逆の意味になります。

例文：1) Når det gjelder eldreomsorg, er Danmark et av de mest utviklete landene i verden.

2) Med hensyn til eldreomsorge er Danmark et av de mest utviklete landene i verden.

Hva eldreomsorg angår で書き始めても構いません。

問題：1) スウェーデンの国会に関しては殆ど知識がありません。（スウェーデンの国会 riksdag）

2) 文化を推進することに関して、日本は北欧諸国よりも遅れています。（文化を推進する fremme kultur）

3) お金に関しては問題ありませんよ。(=必要以上にあります)

参考：「～よりも遅れている」は ligge bak ～ とします。「進んでいる」場合には bak の代わりに foran を用います。

語彙：(ligge) その表現の意味はなんですか？ Hva ligger det i uttrykket? なにか（秘密／隠されたもの）がある Her ligger det noe under.

162.「もう起きなさいよ、さもないと（学校に）遅刻しますよ。」

単語：起きる stå opp さもないと ellers 遅刻する komme for sent

解説：「～しなさい、さもないと--」は、～, ellers - とします。「～しなさい、そうすれば」は、～, så - とします。ellers や så の後は倒置語順にしてください。

例文：1) "Stå opp, ellers kommer du for sent på skolen."

2) "Stå opp, ellers vil du komme for sent til timen."

2) の til timen は「授業に」という意味。klassen でも構いません。

問題：1) バス停まで急ぎなさい、さもないと乗り遅れますよ。

(急ぐ skynde seg バス停 bussholdeplass 乗り遅れる komme for sent til)

2) 一生懸命勉強しなさい。そうすれば合格するよ。(合格する bestå eksamen)

3) さあ行かなければ、さもないと門が閉まります。(閉める stenge 門 port)

参考：バス停や門は両者が了解しているものなので既知形名詞を用います。助動詞を用いる場合には単純未来を示す ville を用います。

語彙：(ellers を含む表現) 夏芽と他にはだれが？ Natsume og hvem ellers? 通常通りに行う gjøre som ellers

---

163. 彼の努力にもかかわらず、その計画は成功しなかった。

単語：～にもかかわらず tross 努力 anstrengelse 成功する lykkes

解説：「～にもかかわらず」は、trass (i)、(til) tross (for)、på tross av などで一般に表現されます。後に節が続く場合には trass i at、til tross for at、på tross av at のように at を加えます。

例文：1) Planen lyktes ikke tross hans anstrengelser.

2) Prosjektet lyktes ikke til torss for at han anstrengte seg ordentlig.

1) は「彼の努力」という句を用いた例です。

問題：1) 考えられるすべての方法を試みたが、彼は彼女を説得

できなかった。(説得する overtale)

2) それでも（やはり）うまくいった。(それでも（やはり）tross alt)

3) 多くの難題を抱えていたが、彼はその会社で出世した。(難題 vansker 出世する bli forfremmet)

参考：1)の「考えられる」は「可能な」mulig で表現してください。

語彙：不成功におわる mislykkes 気に入らない mistrives 誤解する misforstå 全く気に入らない vantrives 侮辱する vanære 不幸な運命 vanskjebne 接頭辞 van- を付けると、mis- よりも極端に悪い意味が与えられます。

---

164. （それを）口にするや否や、彼女は後悔した。

単語：〜するや否や straks 後悔する angre

解説：「〜 するや否や」は、straks、så snart som、med det samme、ikke - før、aldri så snart などで表現するのが一般的です。これらの接続詞の後には過去完了形を用い、主節部分（ここでは「彼女は後悔した」）に過去形を用います。

例文：1) Straks hun hadde sagt det, angret hun.

2) Aldri så snart som hun hadde sagt det, angret hun.

問題：1) アーレンダールに到着するや否や、私は祖母に電話した。(アーレンダール Arendal 到着する ankomme 祖母 bestemor)

2) 校舎を出るとすぐに雨が降り出しました。(校舎 skolebygning)

3) 首相が演説するや否や、彼らは彼を攻撃した。(首相

statminister 演説する holde sin tale 攻撃する gå løs på)
参考：校舎を出るのは空間からでるので ut av を使用します。
語彙：(til) 徒歩で til fods 現代まで nå til dags 売り出されて til salgs 出発して av gårde などは前置詞による格支配の名残です。もう一回 en gang til

---

165. 食べれば食べるほど、人は太ります。

単語：〜すればするほどますます − dess 〜, dess − 太る（太くなる）bli tykk

解説：「〜すればするほどますます --」は、dess 比較級, dess 比較級や jo 比較級, jo 比較級、jo 比較級, dess 比較級などを用いて表現します。最初の部分は正置語順、最後の部分は倒置語順になります。

例文：1) Dess mer man spiser, dess tykkere blir man.
2) Jo mer man spiser, jo tykkere blir man.
後半部分の dess や jo の代わりに desto を用いても構いません。

問題：1) 多ければ多いほど良い。
2) 雨が降るほど、洪水の危険性が高くなります。（洪水の危険性 flomfare）
3) 一生懸命勉強すればするほど、あなたはノルウェー語が上手になります。

参考：コンマを忘れずに加えてください。

語彙：雪崩 snøras 落雷 lynnedslag 洪水 oversvømmelse

166. なるほど美人だが、とても気難しいそうだ。

単語：なるほど〜だが、-- 〜 nok, men - 気難しい vanskelig å gjøre til lags 〜だそうだ sies å være

解説：「なるほど〜だが、--」は、nok の他、riktignok、vel、sannelig や det må innrømmes (at) 〜, men -- で一般的に表現します。

例文：1) Hun er nok vakker, men hun sies å være meget vanskelig å gjøre til lags.
2) Hun er riktig nok pen, men det sies at hun er ganske vanskelig å omgåes.
det sies の代わりに man sier を用いても構いません。

問題：1) なるほど妙案だが、実施は難しいだろう。(案 plan 実施可能な gjennomførbar)
2) なるほど彼は優秀だが、すぐにかっとなってしまう。(優秀な dyktig かっとなる miste besinnelsen)
3) なるほど彼は大きくて力強いが、臆病だ。(臆病な umandig)

参考：3) は riktignok で書き始めてください。3) の umandig は u + mandig で「男らしくない＝臆病」という意味です。

語彙：(nok) もう一度 nok en gang うんざりです Jeg har fått nok (av det).

167. 彼は年齢よりも若く見えるため、時々学生に間違われるらしい。

単語：年齢 alder　より若く yngre　〜に間違われる forveksles med 〜

解説：「AをBと間違う」は forveksle A med B、「AをBとみなす」は betrakte A som B または anse A som B で表現します。

例文：1) Han ser yngre ut enn sin alder, så han forveksles ofte med en student.

2) Han ser veldig ung ut for sin alder, så han betraktes ofte som en student.

3) Han ser yngre ut enn sin alder, så folk tror ofte at han er student.

問題：1) 私はあなたを友人だと考えています。(〜だと考える anse noen som 〜)

2) 猫は古代エジプト人により神聖な動物だとみなされていた。(猫 katt 古代エジプト人 gamle egyptere 神聖な hellig 動物 dyr)

3) 警官はその男性を犯人だと間違った。(犯人 ugjerningsmann)

参考：2) の猫は katten と単数形を用いてください。

語彙：betrakte には「注視する」という意味もあります。Han betraktet henne oppmerksomt.「彼は彼女を注意深く見ていた」。

168. 私たちは彼らの開発計画に反対です。第一に貴重な自然が破壊され、第二に多くの税金が用いられるからです。

単語：開発計画 utviklingsprosjekt 貴重な verdifull 税金 skattepenger

解説：「第一に」for det første、「第二に」for det andre などのように for det ＋序数で表現します。その後の語順は倒置語順になります。

例文：1) Jeg er (i)mot utviklingsprosjektet. For det første vil det ødelegge den verdifulle naturen. For det andre vil det spise opp altfor mye av skattepengene.

2) Jeg motsetter meg utviklingsprosjektet. For det første ødelegges vår uerstattelige natur. For det andre brukes det altfor mye skattepenger til prosjektet.

問題：1) ペデシェン氏を雇うのがいいでしょう。第一に、彼は観光業界で何年も働いています。第二に、日本に精通しているからです。(ペデシェン Pedersen 雇う ansette 観光業界 reiseliv ～に精通している være fortrolig med ～)

2)「仕事をやめたい。」「どうして？」「第一に上司が無能で、第二に給料が悪いから。」(やめる slutte 上司 sjef 給料が悪い dårlig betalt)

3) 第三に、時間がないからです。

参考：2) dårlig betalt の主語には jobben/arbeidet または代名詞を用います。

語彙：例えば for eksempel ～の例を挙げる ta et eksempel på ～

153

> 169. 私が知る限りではオルセン氏が最適ですね。

単語：〜限り så vidt オルセン氏 Olsen 最適です passe best

解説：「〜の限りでは」は så vidt (som 〜) や så langt (som 〜) の他、hva en kan, for *ens* vedkommende なども用いることができます。ens には mitt などの所有代名詞や Oles (オーレの) などの所有形の名詞が入ります。

例文：1) Så vidt jeg vet passer Olsen best.
2) Så langt jeg kjenner saken, er Olsen best egnet.
egnet は「適切な」という意味です。

問題：1) 見渡す限り (=見える限り) 一面の銀世界だった。(銀世界=雪で覆われた snødekt)
2) 安全性が保証されない限り、原発には反対です。(安全性 sikkerhet 保証する garantere 原発 kjernekraftverk)
3) 私 (に関して) は、それで構いませんよ。

参考：「私に関しては」は hva meg angår や for min del で表現できます。

語彙：あなたには関係がありません Det angår Dem ikke. 私に何のかかわりがありますか？ Hva angår det meg? この点に関して angående dette punktet

> 170. この分野では日本が他の国よりも進んでいるという印象があります。

単語：分野 felt 〜よりも進んでいる ligge foran 印象がある ha

inntrykk av (at) ~

解説：「～という印象がある」の「～」に句が入る場合には ha inntrykk av、節が続く場合には at を加え、ha inntrykk av at ~ とします。印象を「受ける」場合には ha を få に変えます。

例文：1) Jeg har inntrykk av at Japan ligger foran andre land på dette feltet.

2) Mange andre land ligger bak Japan på dette feltet har jeg inntrykk av.

2) は倒置文です。句を用いると Japans avansement på dette feltet となります。

問題：1) 彼女はそれほど誠実ではないという感じがします。（誠実な ærlig それほど～ない ikke så ~）

2) スペインがイタリアに匹敵するという印象がしました。（スペイン Spania 匹敵する være i klasse med）

3) 喜劇俳優として非常に優れているという印象を受けました。（喜劇俳優 ~komikker 優れた fremragende ~として som ~）

参考：3) の喜劇俳優は男性と仮定して作文して下さい。

語彙：（感情）感情を隠す/表す skjule/vise følelsene sine

---

171. 不況のため、数人のパート労働者を解雇せざるを得ない。

単語：不況（ここでは）nedgang パート労働者 deltidsarbeider 解雇する si opp ～せざるを得ない kunne ikke la være å ~

解説:「〜せざるを得ない」は、kunne ikke la være å 〜 の他、kunne ikke unngå (å) 〜や kunne ikke dy seg for (å) 〜でも表現することができます。

例文:1) På grunn av nedgangen (i firmaets økonomi) kan vi ikke la være å si opp noen av våre deltidsarbeidere.

2) På grunn av nedgangen kan vi ikke unngå å si opp noen deltidsarbeidere i firmaet.

noen の後は未知形名詞、noen av のあとは既知形名詞を用います。

問題:1) 彼は一晩野宿せざるを得なかった。(野宿する sove under åpen himmel)

2) 空席がなかったので、ずっとハーマルまで立たざるを得なかった。(空席 ledig plass ハーマル Hamar)

3) 笑わざるを得なかった。(笑う le)

参考:2) の「ずっと」は hele veien (til) で表現します。「列車には」i toget を加えてください。

語彙:(経済) 景気 konjunktur 金融危機 finanskrise 利率上昇 rentehopp

---

172. 率直に言えば、その申し出を断らせていただきたいのです。

単語:率直に言えば oppriktig talt 断る takke nei til 申し出 tilbud

解説:「率直に言えば」oppriktig talt や「正直に言えば」ærlig talt などは副詞の後に talt を加えて表現します。「つまり

（簡潔に）」kort sagt のように sagt を使う場合もあります。

例文：1) Oppriktig talt skulle jeg gjerne takke nei til tilbudet.

2) Hvis jeg er oppriktig, vil jeg takke nei til tilbudet.

1) のように過去形 skulle を用いると丁寧な表現となります。

問題：1) 正直に言えば、彼女はノルウェー語の専門家じゃありません。

2) 手短に言えば、彼は未成年です。（未成年 mindreårlig）

3) 簡潔に言えば、それは異教の習慣と関係があります。
（異教の hedensk 習慣 skikk）

参考：「～いえば」はしばしば文頭に置かれます。そのため語順に注意してください。

語彙：（～のおかげで）あなたのおかげで takket være deg、med/ved din hjelp、med/ved hjelp av deg

---

173. 時間がないから、タクシーで行った方がよいでしょう。

単語：タクシー drosje ～した方がいい kunne like godt

解説：「～した方がいい」は gjøre best i (å) ～ や kunne like godt ～ で一般に表現します。「～しないほうがいい」は kunne lige godt la være å ～ とします。理由を示す「～から」は da や siden などで表すことができます。

例文：1) Vi kan like godt kjøre med drosje da vi har dårlig tid (på oss).

2) Vi gjør best i å ta drosje da vi ikke har god tid.

Da や siden は従属接続詞なので否定辞を使う場合には気

157

を付けて下さい。

問題：1) 今すぐ病院に行った方がいい。(病院に行く gå til lege)

2) 低気圧がその地方に接近するので、登山には行かない方がいいだろう。(低気圧 lavtrykk 接近する nærme seg 登山に行く dra på fjellklatring)

3) 疲れているなら、今すぐ寝た方がいいよ。(疲れて眠い(と感じる) føle seg trøtt 寝る legge seg)

参考：2) は「～しない方がいい」の例です。

語彙：(holde) もうお酒をやめなさい Nå må du holde opp med å drikke. ～が気に入っている holde av ～

---

174. その容疑者は、結局無罪であることがわかった。

単語：容疑者 den mistenkte 結局 til slutt 無罪の uskyldig

解説：「～が明らかになる」は vise seg å være ～、(det) vise seg (at) ～を用いて表現します。一般的には後者が用いられます。

例文：1) Til slutt viste den mistenkte seg å være uskyldig.

2) Til sist visste det seg at den mistenkte var uskyldig.

vise と vite の過去形を混同しないようにして下さい。

問題：1) 私の意見が正しいことが明らかになるでしょう。(正しい ha rett)

2) その話がでっちあげだということが明らかになった。(話 historie でっち上げる dikte opp)

3) 一両日中にあきらかになるかもしれません。(〜中 i løpet av)

参考：3) のように vise seg のみを使用する場合もあります。

語彙：(vise) 怒りをあらわにする vise tenner 〜に反論する vise tilbake på 〜 メールを参照する Jeg viser til e-posten.

---

175. 驚いたことに、彼が文学賞を獲得した。

単語：驚き overraskelse 文学賞 litteraturpris 獲得する vinne

解説：「驚いたことに」は til 〜 overraskelse と表現しますが、〜には「驚く」という行為の主体 min や vår、deres などが入ります。「がっかりしたことに」なら overraskelse を skuffelse に代えて til 〜 skuffelse とします。

例文：
1) Til min overraskelse vant han litteraturprisen.
2) Til vår overraskelse ble han tildelt litteturprisen.
3) Jeg ble overrasket over at han vant litteraturprisen.

問題：
1) 驚いたことに、状況はさらに悪化した。(悪化する forverre)
2) 失望したことに、交渉がすべて打ち切られた。(交渉 forhandling 打ち切る bryte)
3) 嬉しいことに、本が出版された。(嬉しさ glede 出版する utgi)

参考：2) の「交渉」は複数形で用いてください。

語彙：(ノーベル賞) ノーベル賞 nobelpris 平和賞 fredspris 受賞者 pristaker

176. 電池交換は3年程度不要です。

単語：電池 batteri 交換する bytte 必要です behøve
解説：「～する必要はありません」という表現は behøve ikke (å) ～ や ikke være nødvendig (å) ～ を用いて表現します。前者の場合、特に口語では、後に不定詞が来ても å がしばしば省略されます。
例文：1) Du behøver ikke å bytte batterier før det har gått ca. tre år.
2) Det er ikke nødvendig å skifte batterier før det har gått omtrent tre år.
3) Du må bytte batterier omtrent hver tredje år.
3) は、「3年に1度交換する必要がある」という意味です。
問題：1) 心配しなくてもいいよ。(心配する bekymre seg)
2) これ以上彼らを待つ必要はありません。(～を待つ vente på ～)
3) 誰もそれを知る必要はありません。(誰も ingen)
参考：2)「これ以上」は ikke lenger を用いてください。
語彙：(必要) 必要とする trenge/nødvendiggjøre 失業（増加）で新たな対策が必要だ Arbeidsledigheten nødvendiggjør nye statlige tiltak.

177. 覆水盆に返らず。

単語：役に立つ nytte こぼれた spilt 嘆く gråte over
解説：「～するのは無駄です」には、一般に nytte ikke, det er til

ingen nytte (å) 〜と表現します。「覆水盆に返らず」は「こぼれた牛乳を嘆いても役に立たない」と表現します。

例文：1) Det nytter ikke å gråte over spilt melk.（諺）
2) Det er til ingen nytte å gråte over spilt melk.
til ingen nytte の代わりに nytteløs(t) を用いることができます。

問題：1) 私をだまそうとしても無駄ですよ。（だます narre）
2) 大きな期待をしても無駄だった。（期待 forventninger 複数形で）
3) 拒んでも無駄です。（拒む nekte）

参考：2) の「大きな」は stor で構いません。

語彙：〜の役に立つ komme til nytte/være til nytte for 〜/være nyttig for

178. （医者）「どうしましたか？」（患者）「熱があり、頭痛がします。」

単語：熱 feber 頭痛 hodepine
解説：「どうしましたか」は「何がおかしいですか」とします。「〜が痛い」は、一般に ha vondt i 〜 で表現します。「痛くなる」場合には ha を få に変えます。

例文：1) (lege) "Hva feiler det deg?" (pasient) "Jeg har feber og har vondt i hodet."
2) (lege) "Hva er det som feiler deg?" (pasient) "Jeg har feber og har hodepine."

問題：1)「声がかすれていますね？」「喉が痛いです。」（声がか

すれている lyde hes)

2) 道を歩いていると、急に胃が痛みました。

3)「あっ、痛いよ。」(あっ（痛い時の表現）au 痛い vondt)

参考：2)「痛む」は få を用いて表現します。3)「そうすると痛くする」と gjøre を用いて表現します。

語彙：（症状）偏頭痛 migrene 頭痛薬を飲む ta en hodepine-tablett

---

179. 友人を選ぶ際には、どんなに注意しても注意しすぎだということはない。

単語：～しても～しすぎることはない kunne ikke ～ nok 注意深い forsiktig

解説：「～しても～しすぎることはない」は一般的に kunne ikke – for ～/～nok で表します。

例文：1) Du kan ikke være for forsiktig i valg av venner.

2) Du kan ikke være forsiktig nok i valg av venner.

for も使用可能ですが、nok がより一般的です。形容詞の後に置かれることに注意してください。i valg av venner は når du velger venner とも書けます。

問題：1) あなたのご支援に対して、どんなに感謝してもこれでよいということはありません。（支援 støtte 感謝する takke)

2) アウドのことをいくら褒めても褒めきれません。（アウド Aud 十分に褒める fullrose)

3) ノルウェー語を勉強しすぎるということはありません。

参考：2) は定型表現 kunne ikke -- for 〜 を用いる必要がありません。

語彙：(注意) 注意する legge merke til/være oppmerksom på/bry seg om

---

180. スヴァールバル（群島）が寒いことは言うまでもありません。

単語：スヴァールバル Svalbard 〜は言うまでもありません det følger av seg selv

解説：「〜は言うまでもありません」という表現には det er ikke nødvendig å si (at) 〜 の他、det følger av seg selv/det sier seg selv (at) 〜 が通常使われます。

「スヴァールバルが寒い」を文字通りに書かないように注意して下さい。

例文：1) Det følger av seg selv at det er kaldt på Svalbard.

2) Det er ikke nødvendig å si at det er kaldt på Svalbard.

問題：1) ペールがしばしば嘘をついていることは言うまでもありません。(嘘をつく lyve =「話す内容の多くが嘘である」)

2) 彼がEU加盟に反対しているのは言うまでもない。(EU加盟 EU- medlemskap 反対して mot)

3) ロシア語は言うまでもなく、ポーランド語もできます。(ポーランド語 polsk)

参考：3) の「言うまでもなく」には for ikke å snakke om を使

163

語彙：(følge) 法律に従う følge loven 例に従う følge et eksempel 引き続き見守る følge opp en sak 発展を注意して見守る følge utviklingen nøye

---

181. 彼女は元々女優だったから、人前に出ることに慣れていました。

単語：元々 før i tiden 女優 skuespillerinne 人前にでる opptre offentlig

解説：før i tiden は「今は違うが、以前はそうだった」という意味で、現在と過去を対比するために使います。「〜に慣れている」は være vant til/med を使いますが、「〜することに」と動詞の不定詞が続く場合には til (å) となります。

例文：1) Hun var skuespillerinne før i tiden, så hun var vant til å opptre offentlig.

2) Hun var en gang skuespillerinne, så hun var vant til å vise seg foran publikum.

「俳優」skuespiller に -inne を加えると「女優」になります。

問題：1) 私たちはもう慣れっこですよ。

2) 私はできるだけ早くこのシステムに慣れなければなりません。(できるだけ〜 så 〜 som mulig システム system)

3) 生魚（を食べるの）にはまだ慣れていません。(生魚 rå fisk)

参考：2) は能動態「慣らす」venne を使って書きます。

語彙：（時差や気候に）慣れる akklimatisere seg (til) 〜（高山などの）薄い空気になれる akklimatisere seg til tynn luft

---

182. 彼に金を貸すなら、海に投げたほうがましだ。

単語：〜するなら〜したほうがましだ like gjerne 〜 enn 〜 投げる kaste

解説：「〜するなら〜した方がましだ」は det er bedre (for) å 〜 enn 〜 または like gjerne 〜 som 〜 で表現するのが一般的です。ここで用いる like は副詞 like であり、同綴りの動詞ではありません。

例文：1) Jeg kan like gjerne kaste mine penger i sjøen som å låne dem til ham.
2) Det er bedre for meg å kaste mine penger i sjøen enn å låne dem til ham.

問題：1) 私が意見を変えることを待つよりも太陽が西から昇るのを待った方がいいよ。（変える forandre 待つ vente 昇る gå opp）
2) 奴隷にでもなった方がましだよ。（奴隷 slave）
3) 日本にいた方がましだ。

参考：2) のように、特に非現実的な場合 enn 以下が省略されることが多くなります。

語彙：(bedre) 遅くなっても（郵便物は）出した方がまし bedre sent enn aldri よりよい考えが浮かぶ komme på bedre tanker

183. 降れば土砂ぶり。(不幸は重なるもの。)

単語：土砂ぶりになる regne i øst, øsregne（必ず）uten at
解説：この例文は「〜すれば必ず〜する」または「〜せずに〜することはない」と表現します。これには uten at 〜 または は uten feil を用いた表現が一般的です。(helt sikkert「確実に」を用いることも可能です)。
例文：1) En ulykke kommer sjelden alene.（諺）
2) Det regner aldri uten at det regner i øst.
1) は「不幸は重なるもの」を、2) は「降れば土砂ぶり」を訳した例です。
問題：1) それを考えるといつもぞっとします。(ぞっとする det fyller meg med forferdelse)
2) 彼らは会えば必ず喧嘩します。(喧嘩する krangle)
参考：2) は「喧嘩になることなく」を uten at det blir krangling でも構いません。
語彙：(強意の副詞) 恐ろしい forferdelig、fryktelig、skrekkelig などは、悪いニュアンスの形容詞を強める場合に使用されます。

184. 私は、ノルウェーの物価の高さに驚きました。

単語：驚く bli overrasket 物価 pris
解説：「〜に驚く/驚かされる」bli overrasket over、「〜に感銘を受ける」bli imponert over、「〜にがっかりする」bli skuffet over で表現します。つまり、overraske, imponere

や skuffe は「〜させる」という意味です。

例文：1) Jeg er overrasket over de høye prisene i Norge.
2) De høye prisene i Norge overrasket meg.
3) De høye prisene er overraskende for meg.

2) は能動態、3) は分詞形容詞（現在分詞）を用いた例です。価格には høy/lav を用います。

問題：1) その結果はみんなを驚かせた。（結果 resultat）
2) 私は彼女の人格に非常にがっかりしました。（人格 personlighet）
3) 彼らが日本の法律に不平をいうことなく従ったことに感銘を受けました。（従う rette seg etter 不平を言う klage）

参考：1) は能動態で書くのが一般的です。3) の「日本の法律」は japanske lover で構いません。

語彙：（価格）牛乳の価格 prisen på melk 安価で〜を購入する kjøpe 〜 til lav pris

---

185. 翌日になって初めて、私はその事件を知りました。

単語：翌日 dagen etter 初めて〜 ikke før (enn), først 事件 sak

解説：「‐‐して初めて〜する」は først、ikke før (enn) などを用いて表現します。「ずっと後になって初めて〜だとわかった」を først を用いて表現すると Først lenge etterpå forstod jeg at 〜 となります。ikke før を用いると Jeg forstod ikke 〜 før lenge etterpå. となります。

例文：1) Først dagen etter fikk jeg vite om saken.
   2) Jeg fikk ikke kjennskap til saken før dagen etter.
   3) Det var ikke før dagen etter jeg fikk vite om saken.
   vite の代わりに få kjennskap til を用いても構いません。
問題：1) 今年になって初めてイギリスに行きました。(今年 i år)
   2) 先週やっと言語学の口頭試験の結果が分かった。(言語学 språkvitenskap 口頭の muntlig)
   3) 家に着いて初めて鍵をなくしたことに気付いた。(気づく merke なくす miste)
参考：3) の merke の代わりに oppdage を用いることもできます。
語彙：(時) 紀元前50年 50 år før Kristus/f. Kr. 以前も今も før og nå やがて (いつか) før eller senere

---

186. 彼女は、この冬ノルウェーの家族を訪ねる決心をしました。

単語：決心する bestemme seg この冬に til vinteren
解説：「〜することを決心する」は bestemme seg for (å) 〜 で一般的に表現します。「〜することに考え直す」は ombestemme seg とします。「(これから来る) この冬」という表現は til vinteren、「(今が冬だとして) この冬」または「(過ぎた冬という意味での) この冬」は i vinter と表現します。
例文：1) Hun bestemte seg for å besøke sin famile i Norge til vinteren.

2) Hun tok en beslutning om å besøke sin famile i Norge til vinteren.

3) Hun bestemte seg for å avlegge et besøk hos sin familie i Norge til vinteren.

問題：1) 私はこの夏ノルウェーに行く決心をしました。

2) 彼女はノルウェー滞在中日本語を話さないことを決心した。（滞在中 under oppholdet）

3) 私たちは1週間で21冊の本を読む決心をしました。（1週間で på en uke）

参考：2)「〜しないことを決心する」は ikke の位置に注意して下さい。

語彙：(bestemme) の位置を決定する bestemme et skips posisjon 植物（の分類）を決定する bestemme en plante 詳しく言えば nærmere bestemt

187. 空気と人との関係は、水と魚の関係に等しい。

単語：空気 luft 魚 fisk

解説：「AとBの関係はCとDの関係に等しい」は A er for B som C er for D, または A er for B, hva C er for D. で一般に表現されます。

例文：1) Luft er for mennesker som vann (er) for fisk.

2) Luft er for mennesker hva vann er for fisk

3) Som vann er for fisk, er luft for mennesker.

2) を倒置させると 3) になります。

問題：1) 2と4の関係は、8と16の関係と同じです。

2) 読書と精神との関係は、食物と身体の関係と同じです。

3) コメとアジア人の関係は、小麦とヨーロッパ人との関係に等しい。

参考：12までの数字はアルファベットで記すことが多いですが、絶対的な規則ではありません。

語彙：〜との関係/関連/比較で i forhold til 〜（比較）i sammenheng med 〜

---

188. 『人形の家』は、日本演劇史で重要な役割を果たしました。

単語：人形の家 Et dukkehjem 演劇史 teaterhistorie 役割を演じる spille en rolle

解説：「役割を演じる／果たす」spille en rolle は、「問題ないよ」Det spiller ingen rolle. など、比喩的な表現にも用いられます。

例文：1) "Et dukkehjem" spilte en viktig rolle i den japanske teaterhistorien.

2) "Et dukkehjem" gjorde så mye i Japans teaterhistorie.

問題：1)「ケーキがないんだよ。」「構わないよ（大したことじゃない）。」

2) 忘れっぽいことが人間の幸せに一役買っているのは確かです。(忘れっぽいこと glemsomhet 人を幸せにする gjøre mennesker lykkelige)

3) ヴェンケがオーセ役を演じます。(ヴェンケ Wencke オーセ Åse)

参考：3)「オーセ役」は Åse/Åses rolle です。

語彙：(spille) 彼女はオーセ役を上手/下手に演じました Hun spilte Åse godt/dårlig.

> 189. あなたが何をしようとも、私はあなたをサポートします。

単語：あなたが何を〜しようとも hva du enn 〜 サポートする støtte

解説：「どんなに難しいとしても」hvor vanskelig det enn kan være、「誰が来るとしても」Hvem som enn kommer などのように、譲歩を表現する場合には enn を加えます。

例文：1) Hva du enn gjør, vil jeg alltid støtte deg.
2) Uansett hva du gjør, støtter jeg deg til alle tider.

問題：1) どんなに一生懸命やってみても、（やっぱり）僕にはできないよ。（一生懸命に hardt できる klare）
2) どこにいようとも、彼はいつもヤンネッケのことを考えている。（〜のことを考える tenke på 〜 ヤンネッケ Jannecke）
3) どれほど時間がかかっても、とにかくそれを終わらせないといけない（hvor lang tid で始めます。終わらせる gjøre det ferdig）

参考：3) は om を文頭に書き始めます。

語彙：(enn) 何が起きても hva som enn skjer 5クローネも払いません、まして10クローネなんて。Jeg betaler ikke 5 kroner, *enn si* 10 kroner.

> 190. 彼女とは意見が違います。

単語：意見が異なる＝別の意見がある、意見 mening 別の annen
解説：「意見が異なる」という場合 ha en annen mening という表現ができます。annen や annet、andre を用いた場合、「〜とは」という部分には enn を用います。この他 være forskellig (fra)、adskille seg fra、特に意見の場合には være enig med（人）om/i（物）を使用することもできます。
例文：1) Jeg har en annen mening enn henne.
　　　2) Jeg er ikke enig med henne (om det).
　　　3) Min mening er forskjellig fra hennes.
　　　1) の henne を hennes としても構いません。
問題：1) 習慣は国ごとに異なります。(習慣 skikk og bruk 国ごとに fra land til land)
　　　2) 市庁舎は地域の他の建築物と異なっている。(〜と異なる atskille seg fra 〜 市庁舎 rådhus)
　　　3) 今では少し違っていますね。(違って annerledes)
参考：1) の「異なる」に variere を用いても構いません。
語彙：(enn) 彼には彼女以外に友人がいません Han har ikke flere venner enn henne. 彼女は私が思っていたような人ではありませんでした Hun var en annen enn jeg trodde.

> 191. セキュリティ上の理由により、手荷物検査を行っています。

単語：セキュリティ上の sihherhets- 手荷物 håndbagasje 検査する sjekke
解説：「〜の理由により」という表現には一般に av 〜 grunner/årsaker や av 〜 syn が用いられます。på grunn av (at)/pga. や på grunnlag av (at) 〜もしばしば用いられます。（sikkerhet- の場合は一語として綴ります）。
例文：1) Av sikkerhetsgrunner sjekker vi håndbagasjene.
　　　2) Av sikkerhetgrunner skal håndbagasjene sjekkes.
問題：1) その理由により、現在列車は不通になっています。（不通で innstilt）
　　　2) なんらかの（不特定な）理由により、彼のノルウェー入国は認められません。（入国 innreise 認める godkjenne）
　　　3) 規律上の理由により、彼は入隊するすることができません。（規律上の disiplinær 入隊させる innrullere）
参考：3) の「規律上の理由」という表現には例文のような複合名詞を用いません。「規律上の」は形容詞として使用します。
語彙：(grunn) 基本的に i grunn/i bunn og grunn

> 192. 「今努力しなければ、自分の将来がどうなると思いますか？」

単語：〜になる bli av 努力する anstrenge seg

173

解説：「〜はどうなりますか？」は hva skal 〜 bli av で表現します。

例文：1) "Hva skal det bli av deg hvis du ikke anstrenger deg nå?"

2) "Hvordan tror du det går med deg hvis du ikke anstrenger deg nå?"

2) の gå は「ことが運ぶ」という意味です。

問題：1) 子供たちはどうなったのだろう？（現在完了形で）

2) 全く宿題をしないシーリーはどうなるのだろう？（シーリー Siri）

3) それらの説明書はどうなりましたか？（説明書 dokument）

参考：3) で Hvordan er dokumentene blitt? とすると、説明書の出来を尋ねることになります。

語彙：(bli) 彼はオスロ大学を続けます Han blir ved universitetet i Oslo. 全部で100クローネになります Det blir 100 kroner til sammen.

---

193. 同点にされた時、数千人の観客は非常にがっかりした。

単語：同点にする utligne 数千人の〜 tusenvis av 〜

解説：「〜にがっかりする」という表現は være/bli skuffet over が一般に用いられます。「数百の〜」hundrevis av 〜 などの後の名詞は勿論複数形にします。

例文：1) "Da det ble utlinget, ble tusenvis av tilskuere ordentlig skuffet."

2)"Da det ble utligning, ble flere tusen tilskuere frykte-lig skuffet."
否定的なニュアンスで「非常に」という場合は forferdelig や fryktelig がしばしば用いられます。

問題：1) その映画にはがっかりさせられた。(映画 film)
2) 約束が守られなかったのでがっかりした。(約束を守る holde sitt ord)
3) イーナが家にいないのでがっかりした。

参考：3) は「私ががっかりしたことには」til min skuffelse を用いて表現して下さい。

語彙：(数字-vis) 数万の ～ titusenvis av ～ 数十万の ～ hundretusenvis av ～ 数百万匹の蚊 millionvis med mygg

---

194. (展望台で)「霧で何も見えないよ。」「でも、仕方がないよ。」

単語：展望台 utsikt 霧 tåke
解説：「仕方がない」という表現は ingenting や ikke noe を用い、「(それには) 何もすることがない」と表現します。目的語として ingenting は完了形などの複合時制には用いられません。古めかしい表現として intet もありますが、今日では殆ど使用されません。

例文：1) (På utsikten) "Jeg ser ingenting på grunn av tåke." "Ingenting å gjøre med det."
2) (På utsikten) "Jeg ser ikke noe på grunn av tåke." "Vi kan ikke gjøre noe med det.

på grunn av の略語は pga. です。

問題：1）カーレンは電話する度に応答がなかった。（応答 svar）
2）いまさらそんなことを言っても仕方がないだろう。
3）その予言に反して何も起こらなかった。

参考：3）は ingenting を主語にして下さい。

語彙：（日付）den 1. mai/1. mai のように数字のの後に（.）を加えます。日月年の順に書きます。

---

195. 私はロシア語がわかりません。ポーランド語なんてなおさらです。

単語：なおさら enda mindre ロシア語 russisk ポーランド語 polsk
解説：「なおさら」という表現には、肯定的なニュアンスの場合 enda mer、i enda høyere grad、否定的なニュアンスでは enda mindre や langt mindre が一般に用いられます。enda や langt には比較級の意味を強める働きがあります。
例文：1）Jeg forstår ikke russisk, enda mindre polsk.
2）Jeg forstår ikke russisk, langt mindre polsk.
2）の動詞 gjelde は「当てはまる」という意味です。
問題：1）彼女はフランス語が話せます。英語はなおさらです。
2）彼はノルウェー語が読めません。話すことはなおさらです。
3）6時に起きるのはつらい。寒い時はなおさらです。（つらい vanskelig）
参考：1）は肯定的、2）と 3）は否定的なニュアンスです。
語彙：(verre/verst) さらに悪いのは det som verre var 最悪以

下だ verre enn verst 悪化して fra verre til verst 最悪の場合 i verste fall

196.「これでいい（正しい）のかな？」

単語：〜かな mon 正しい riktig

解説：「〜かな」という表現に例えば lure på や tvile på で「〜かな」を表現すると「〜かどうか疑問に思う」という意味が加わりますが、mon を用いると、「〜かどうか知りたい」というニュアンス（願望）が加わります。

例文：1) "Mon det er riktig?"
2) "Mon dette går bra?"
2) は「これでうまくいくかな」という意味にもなります。

問題：1) 彼女は彼に会えるかな？
2) 彼女はくるかな？
3) これを見たら彼はなんというだろう？（Mon tro を用いて）

参考：3) の mon tro 後の語順は間接疑問文と同じ語順になります。

語彙：mon は Mon (om) dette går bra. のように現在形の動詞と併用します。Mon tro は、疑問代名詞が使用される疑問文が続く場合 Mon tro når de kommer. や後置する Går dette bra, mon tro? などの場合には単独で mon を使用できません。

197. 3年ぶりの再会を非常に楽しみにしています。

単語：再会 = 再びお会いすること、3年ぶりに første gang på

tre år

解説：「〜を楽しみにする」という表現には glede seg til や se fram/frem til が一般的に使用されます。（後者は少し改まった表現です）。不定詞が続く場合には不定詞マーカー (å) が必要です。

例文：1) Jeg gleder meg (veldig) til å se deg igjen for første gang på tre år.
2) Jeg ser (veldig) frem til å se deg igjen etter tre år.
1) の for første gang på tre år は「3年で始めて」という意味です。

問題：1) 夏休みが楽しみです。（夏休み sommerferie）
2) 私が楽しみにしていることは秘密にしておいて下さい。（秘密にしておく　måtte/må være mellom oss）
3) あなたからのメールを楽しみにしています。（メール e-post）

参考：2) の主語には det を用いて下さい。

語彙：(igjen) ドアをバタンとしめてはいけません Dere skal ikke smelle igjen døra. リュックのひもを結ぶことを覚えていなさい Husk å knytte igjen sekken.

---

198. 嵐のため、その飛行機は出発できなかった。

単語：嵐 uvær　出発する starte
解説：「〜が―するのを妨げる」hindre 〜 i/fra (å) または「〜が―するのを強いる」tvinge 〜 til (å) を用いて表現できます。また、「〜のため」på grunn av（節が続く場合には at を加える）を用いても表現することができます。

例文：1) Uværet hindret flyet i å starte.
2) Uværet tvang flyet til å vente med å starte.

問題：1) 何が彼女の訪問の障害ですか？
2) 平和主義には戦争（勃発）を防止できる見込みが十分にある。（平和主義 pasifisme 勃発する bryte ut）
3) 彼は船が沈没するのを防ぐことに成功した。（船 skute 沈没する synke）

参考：2) の見込みがあるは ha god sjanse として下さい。

語彙：(u- 名詞) 獣 udyr 凶作の年 uår（卑劣な）犯人 ugjerningsmann 悪習 uvane

199. 彼は自白を強要された。

単語：自白する tilstå en forbrytelse 強要する tvinge

解説：「～に―を強要する」は、一般に tvinge ～ til (å) や presse ～ til (å) で表現します。義務として「強要される」場合には forplikte も使用できます。

例文：1) Han ble tvunget til å tilstå en forbrytelse.
2) Politiet tvang ham til å tilstå en forbrytelse.
2) は「警察が～を強要した」という意味です。

問題：1) 彼らは無理やり婚約を破棄させられた。（破棄する heve 婚約 forlovelse）
2) 首相は運輸大臣を辞任させた。（運輸大臣 samferdselsminister 辞任する si fra seg）
3) 膝の怪我でそのサッカー選手は引退を余儀なくさせられた。（膝の怪我 kneskade 引退する legge opp）

参考：「無理やり～させる」は「～を強要する」で構いません。

ved tvang や voldelig を用いて表現することもできます。

語彙：(tvinge/tvang) 強制労働 tvangsarbeid 強制入院 tvangsinnlegging 状況により地方の若者が都市への移動を余儀なくさせられた。Forholdene tvang landsungdommen til byene.

200. 旅行業界も人手不足です。

単語：旅行業界 reiseliv 〜の不足 mangel på 〜

解説：「〜が不足している」は一般に mangle 〜 や være mangel på 〜 で表現します。
後者の場合には主語に det を用います。

例文：1) Det er mangel på arbeidere i reiselivet.
2) Reiselivet er underbemannet.
2) の underbemannet は「人員不足で」という意味です。「人員過剰で」は overbemannet です。

問題：1) その炭鉱労働者は酸欠で死亡した。(炭鉱労働者 gruvearbeider 〜で死亡する dø av 酸素 oksygen)
2) 彼は経験が不足している。(経験 erfaringer)
3) 彼らには全く常識が欠けている。(常識 sunn fornuft 全く fullstendig

参考：1) 〜3) の主語に det を用いる必要はありません。

語彙：(mangle) 彼女には方向感覚がありません Hun mangler retningssans. 3人足りません Det mangler tre personer.

201. 彼が当然私たちの提案に同意してくれるものだと思っていました。

単語：当然〜だと思う ta 〜 for gitt 提案 forslag 同意して enig

解説：「当然〜だと思う」は ta 〜 for gitt または gå ut fra som gitt at 〜 を用いて表現します。〜部分が長い場合には形式目的語を使用して ta *det* for gitt at 〜とします。

例文：1）Vi tok det for gitt at han ville bli enig i vårt forslag
2）Vi gikk ut fra som gitt at han ville bli enig med oss om forslaget.
1）han ville bli enig i vårt forslag が長いために形式目的語を使用します。2）は「彼がその提案で私たちに賛成する」ということです。

問題：1）彼があなたに怒ったのも当然だと思います。（〜怒って sint på 〜）
2）当然彼が手紙を受け取ったものだと思っていました。（受け取る imotta）
3）たくさん覚えるほど幸せになるということが当然のように考えられているようです。（〜ようです synes）

参考：形式目的語を用いて書いてください。3）は主語に det を用いて書きます。

語彙：(enighet) 労働党は金融危機対策で中央党と同意しました。Arbeiderpartiet kom til enighet med Senterpartiet om krisetiltaket. 採択では幅広い同意がありました Det var bred enighet om vedtaket.

解答例 (話法に関する部分以外には引用符を加えていません)。

1. 1) Bremsen virker ikke.
   2) Tiden flyr.
   3) Tiden går.
   4) sovner/faller i søvn という表現は「寝入る」という意味。
2. 1) Pål sitter i sofaen.
   2) Jeg bor på landet.
   3) Det skjedde en ulykke på E18. または Ulykken skjedde på E 18.
3. 1) Hans døtre er (blitt) friske igjen./*Døtrene hans er (blitt) friske igjen.*
   2) Deres sønn er forferdelig forkjølet./*Sønnen deres er forferdelig forkjølet.*
   3) Kakene smaker deilig.
   4) Du kommer mannsterk i kveld./Dere kommer mannsterke i kveld.
4. 1) Karin skrev et brev til Ida.
   2) Han holdt opp med å drikke.
   3) Jeg har aldri tenkte meg et slikt resultat.
5. 1) Jeg ønsker dere et godt nyttår.
   2) Kan du gjøre meg en tjenetse?
   3) Du kan godt prøve deg det.
6. 1) De kalte barnet Hedda.
   2) Jeg heter Leif Erik. Dere kan kalle meg Leif.
   3) Dommeren fant mannen skyldig.
7. 1) Mette så et fly lande på rullebanen.
   2) Har du merket noe fuske under prøven?

3) Tilfeldigvis så vi Håkon løpende i parken.
8. 1) Ringte hun deg ikke i går?
   2) Hvorfor har Ivar ikke sendt småpakken til Kina med EMS?
   3) Har jeg ikke rett (i dette)?
9. 1) Hvordan går det?
   2) Hvorfor gikk Anne ut uten å si ett/*et ord*?
   3) Hvor tungt er det skapet?/Hvor mye veier *det skapet der?*
10. 1) Jeg har sendt e-posten til deg, ikke sant?
    2) Gina har ikke kontaktet deg, vel?
    3) Kona mi betalte ikke i kroner, vel?
11. 1) Ikke mas på meg./*Du må ikke mase på meg.*
    2) Vær så snill å kjøpe blomster for meg da jeg ikke har tid./*Vær så snill og kjøp blomster for meg siden jeg ikke har tid.*
    3) Klikk OK-knappen for å lagre endringene.
12. 1) Så stor Nina har blitt!
    2) For en fisk du har fanget!
    3) Så kaldt det er i dag!
13. 1) Bare han var her!
    2) (i skibakken) Bare Marianne ikke detter!
    3) Leve kongen!/*Kongen Leve!/Gud bevare kongen!*
14. 1) Langsomt kom han seg igjen.
    2) Dessverre er Sayama (ute) på forretningsreise (nå).
    3) Dag etter dag drakk han.
15. 1) Jens liker Grete./*Det er Jens som liker Grete.* （後者は本

当に強調する場合のみ使用される）
- 2) Nora møtte Hedda foran Operaen./*Det var Hedda (som) Nora møtte foran Operaen.*
- 3) Det er den boka (som) mange spør etter.

16.
- 1) Jeg kan ikke fortelle ham noe da han ikke er så pålitelig.
- 2) Jeg skjønner ikke hvorfor Per ikke kommer hit.
- 3) Kommer du på festen i morgen hvis Ami blir med?

17.
- 1) Jeg har en bror og en søster. Søsteren min går på ungdomsskolen.　Jeg har en bror og ei søster. Søstra mi går på ungdomsskolen.
- 2) Det er en/ei bok på bordet. Boken/*Boka heter Gengangere.*
- 3) Tante Anne kommer på besøk (til oss) i dag.

18.
- 1) Jenny leser i en norsk bok.
- 2) Du er mitt ett og alt.
- 3) Vi må kontakte ham på en eller annen måte.

19.
- 1) Han er inder.
- 2) Hun var håndballspiller.
- 3) Jeg kjenner en amerikaner.
- 4) エルセはノルウェー語を学びます／教えます。エルセはノルウェー語で学びます／教えます。

20.
- 1) Ingrid var et bortskjemt enebarn.
- 2) Frode er en veldig dyktig fotballspiller.
- 3) Tormod er en meget kjent barnelitteraturforfatter.
- 4) 彼はノルウェー人らしい船員です。／彼はノルウェー（人）の船員です。

21.
- 1) Jeg har planer om å kjøpe bil ved årsskiftet.

2) Dere skal levere en stiloppgave om japansk økonomi innen 6. Juni.

3) Her om dagen kjøpte Yoko seg sykkel.

22. 1) Mariko fikk et halskjede av gull på fødselsdagen.

2) Jeg skal ha en (kopp) kaffe og to (kopper) kakao. Vi drikker svart kaffe, så vi behøver verken sukker eller fløte.

3) Hovmod står for fall.

23. 1) Det høyeste fjellet i Norge heter Galhøpiggen og er 2451 meter over havet.

2) Det norske flagget blir heiset.

3) Det koster 100 kroner for de voksne (mennesker/menneskene).

24. 1) Snekker Johnsen bygde dette huset.

2) Filosofen Nietzsche ble kjent med dramatikeren Strindberg ved hjelp av kritikeren Brandes.

3) Gårdsbruker Bakken dyrker blåbær.

25. 1) Norges justisminister var på besøk i Japan her om dagen.

2) Norges landslag skal delta i verdensmesterskapet i fotball.

3) Fosses nye bok er nå til salgs.

26. 1) Vær så snill å vise meg veien til domkirken på kartet over Oslo.

2) Fargen på rådhuset i Oslo er mørkebrun, ikke sant?

3) Jeg er en jente på 13 år og lurer på hvorfor det er forbudt å røyke på offentlige steder her i landet.

27. 1) Hvem sin feil var det? Det var konduktøren sin feil.

2) Berits svoger arbeider i Norges Bank.

3) Advokaten til trebarnsmoren var bekymret for utviklingen.

28. 1) Syv multiplisert med fem er femogtredive.

2) Førti dividert med to er tjue./Førr dividert med to er tyve.

3) Seks pluss ni er femten.

29. 1) I vår zoologiske hage er det noen løveunger. De er/*ble* født i vår.（生まれた時期との関係で現在形も使用可能です）。

2) Vi så nordlys for første gang. Det var meget imponerende.

3) Antall omkomne er så mange som 200, og de fleste (av dem) bodde på hotellet.

30. 1) Hva skal vi spise til middag? Det vet jeg ikke.

2) Har du vært i Trondheim før? Ja, det har jeg. Jeg besøkte Nidaros en gang på 1990-tallet.

3) Det var tre studenter som kom for sent til klassen. Det gjorde læreren sint.

31. 1) Det er/*henger* tre vakre bilder på veggen.

2) Da jeg ringte, var det ikke noen billetter igjen til konserten.

3) Det var ei kjent hengebru i bygda.

32. 1) Herfra til Hafjell er det ca. 20 mil. Det tar omtrent to timer med tog.

2) Det var grått vær inntil i går, men det ble østregn i dag morges.

3) Hva er klokken nå? Den er halv elleve. Er klokken så mange?
33. 1) Ta det med ro./*Ta det rolig.*
2) Det går an./*Det går fint.*
3) "Hvem er det (som jeg snakker med)?" "Det er Yamamoto fra Yaskawa Siemens Automation & Drives Corp."
34. 1) Det ringer på døra/døren.
2) Det forestilles/*spilles*/*vises* mange fine skuespill på Det Norske Teatret (i) denne måneden.
3) Det ble danset hele natten.
35. 1) Derfor er det vanskelig for ham å stå opp tidlig om morgenen.
2) Det er hyggelig (for meg) å bli kjent med deg.
3) Det overrasket meg å treffe Ina utenfor Halden.
36. 1) Det var uforsiktig av deg å glemme nøkkelen inne i/*inni* bilen.
2) Det var dumt av henne å gjøre noe slikt/*sånt.*
3) Rett og slett er det nødvendig for Kari å forstå skikk og bruk i Japan.
37. 1) Det er romantisk at det snør i julen.
2) Det er utrolig at han har lært seg å mestre spansk bare på et halvt år.
3) Det er et annet spørsmål om partilederen står ved sitt ord.
38. 1) Det at han kom for sent, gjorde det vanskelig (for oss) å ta toget.
2) Da jeg hadde lest to sider av Holberg, fant jeg det ikke

lett å oversette boken til japansk.

3) Etter hjemkomsten forstod jeg hvor vanskelig det var å vedlikeholde japansk (språkferdighet).

39. 1) Kunne jeg få Deres navn?
2) Kan De regne over og se om firmaet har råd?
3) Mine damer og herrer, kunne De være så snill å finne plassene Deres?

40. 1) Du må passe seg for bilene hver gang du går over krysset.
2) De forlovet seg forrige uke.
3) Sjefen ba ham (om å) redegjøre for sine planer.

41. 1) Niesen kjente ikke Hedda. Nevøen kjenner henne ikke, heller.
2) Sissel la seg ikke før langt på natt.
3) Jeg vet det ikke, jeg.

42. 1) Det var hun som gjorde det.
2) Det var henne som Odd fikk til å gjøre det.
3) Det var Asbjørnsen og Moe som samlet inn folkeeventyrene i Norge.

43. 1) Marit kjøpte seg et skjerf i Roma.
2) Du får ta (deg) en røyk her.
3) Du skal elske din neste som deg selv.

44. 1) De så ulykken med sine egne øyne.
2) Det gjorde vi på vårt eget ansvar.
3) Gruppen har nemlig sine egne oppfatninger.

45. 1) De gikk hver sin vei./*Hver gikk sin vei.*
2) Vi gikk hver vår vei.

3) Han likte det nye slipset sitt veldig godt./*Han likte sitt nye slips veldig godt.*

46. 1) Min bror og hans forlovede skal holde bryllup om ei uke(s tid).
2) Knut og fetteren hans har nettopp kommet hjem fra Island.
3) Knut har nettopp kommet hjem fra Island sammen med fetteren sin.

47. 1) Der er det uret som skal/skulle repareres. (前者は予定、後者は〜すべき)
2) I går hilste vi på Susanne som besøkte oss i Tokyo i forfjor.
3) Den jenta (som) han traff i byen kunne japansk.

48. 1) Tiåringen, som er datteren til Christopher, kan snakke flytende engelsk.
2) Stavkirken, som fins i Ornes, står på FNs kulturminneliste.
3) I Longyearbyen, som ligger på 78 grader nordlig bredde, er det veldig kaldt nå.
4) Den mannen, som det her skal fortelles om, var den mektigste i sitt prestegjeld.

49. 1) Man/En lærer så lenge man/*en lever.*
2) Man/En kan ikke gjøre noe slikt.

50. 1) Jeg har gått på det kurset, noe (som) du også bør gjøre.
2) Han kan bake noe, (som) jeg ikke kan.
3) Kaya sover ti timer hver dag, noe (som) jeg ikke kan.

51. 1) Jeg ser ikke hva som er i veien (for det).

2) Jeg vet heller ikke hvem som kommer hit./*Jeg vet ikke hvem som kommer hit, heller.*

3) Jeg vet ikke hva som blir solgt mest (her i butikken).

52. 1) Mannen, som vi traff kona til i går, bor fjernt fra familien pga. arbeidet sitt.

2) Kirken, som har et tårn (som) vi kan se over skogen, ble bygd i 1500-tallet.

3) Jenta, som har røde klær på seg, er Jenny.

53. 1) Er det noe land (som) du har besøkt, og som du gjerne vil besøke igjen?

2) Her er det manuskriptet (som) du mistet i forrige uke, og som han fant igår.

3) Er det noe av hans forklaring (som) du hørte, og som du ennå husker?

54. 1) Det året da han reiste hjem til Norge, snødde det veldig mye.

2) I byen hvor vi skal avlegge et besøk, er det en steinkirke som ble bygd i det 13. århundre.

3) Oppe i bakken/På bakketoppen ser vi en stavkirke hvor det holdes gudstjeneste tre ganger i året.（空中から見た場合 På bakken も可能）

55. 1) Siden mora hadde vondt i magen, spiste hun bare litt mat/litt av maten.

2) Jeg skjønte bare halvparten av hans forklaring.

3) Ingen av lærerne vil påta seg ansvaret.

56. 1) Det var noen som banket på døra.

2) Det er noen som gjerne vil treffe deg i annen etasje.

3) Hva som helst kan skje./*Alt kan skje.*
57. 1) Jeg har aldri sett noe slikt./*Jeg har aldri sett maken.*
2) Da skjedde det noe merkelig.
3) Det er noe rart i det du sier.
58. 1) Er det noe edikk igjen?
2) Vi har noe øl.
3) Han har nok noe penger på seg.
59. 1) Utenriksministeren håndhilste på hver eneste gjest.
2) Vi fikk en halv kylling hver.
3) Vi løste oppgaven på hver vår måte.
60. 1) Det hvite huset er stort.
2) Den grå kåpen din henger i det svarte skapet.
3) Norge er et lite land.
61. 1) Den rutete skjorta var dyr.
2) Det nye huset er stort.
3) De gamle arbeiderne var sultne.
62. 1) Kjære Åge!
2) Harald Hårfagre hadde minst ni barn.
3) Storebælt ligger mellom Sjælland og Fyn.
63. 1) Er de oppmerksom(me) på det?
2) De drakk seg fulle på festen i går.
3) Arild og jeg gikk oss vill. (gå seg vill は無変化)
64. 1) Te er godt./*Det er godt å drikke te.*
2) Roser er pent./*Det er pent med roser.*
3) Melk er sunt./*Det er sunt å drikke melk.*
65. 1) Min venn bor i femte etasje.
2) Jeg gikk ut med Knut for første gang i går.

3) Det neste offentlige møtet holdes (den) 13. februar.
66. 1) Onkelen ble sittende i sofaen en stund.
2) Femåringen stod gråtende foran huset.
3) Vi skal vente og se. (= Vi får se.)
67. 1) Vi tok imot SOS-signalet fra et synkende skip.
2) Her om dagen så vi en flaggermus flyvende over elva.
3) Du må ikke ta på den roterende delen.
68. 1) Han hilste på de forbipasserende.
2) Den mistenkte var involvert i ulykken.
3) De studerende bor i Malmö og pendler til Roskilde over Øresund.
69. 1) Sigrid er like (så) flink i matematikk som Margrete.
2) Han er like (så) slurvet som henne.
3) Jeg er like skuffet over gårsdagens tap som ham/*han/ han er*.
70. 1) Antall søkere i år er 1,2 ganger så stort.
2) Det sies (at) han tjener to ganger så mye som jeg gjør.
3) Hvor mange ganger lenger er avstanden mellom Oslo og Tronheim enn avstanden/den mellom Oslo og Bergen?
71. 1) Ida kan snakke spansk mye mer flytende enn andre (elever) i klassen.
2) Det blir varmere (og varmere) dag for dag.
3) Jeg kjenner ikke noen morsommere folkeeventyr enn dette./*Jeg kjenner ikke noen folkeeventyr som er så morsomme som dette.*
72. 1) Dagens systemer er mer praktiske.
2) Taro og Hanako virker mer norske/*norskere* enn nord-

menn.

3) Norges krisetiltak var mer omfattende.

73. 1) Ibsen var 4/fire år eldre enn Bjørnson.

2) I denne butikken er redikker 5 kroner billigere enn i butikken der borte.

3) Han er noe yngre enn meg.

74. 1) Chikako bodde i Kina i lengre tid.

2) En yngre mann er ikke så ung som en ung mann.

3) Han kan i beste fall forstå dagligtale selv om han har bodd i Tyskland over 10/ti år.

75. 1) Jeg var mer redd enn engstelig.

2) Selv om det var i februar, var det mer varmt enn kaldt.

3) Prosessoren er mer begavet enn flittig.

76. 1) Etter min mening er tyske filmer mindre smakfulle enn franske (filmer).

2) Månedskort koster mindre.

3) Situasjonen i landet er mindre rolig enn før/*tidligere*.

77. 1) Kent er flittigst i klassen./*Kent er den flinkeste (eleven) i klassen.*

2) Jeg liker Drammen best av alle de norske byene.

3) Det var en gang en mann som hadde tre sønner. Den yngste *(av alle/sønnen)* heter Askeladden.

78. 1) Hvem er eldst, Roald eller Hjalmar?

2) Hvem av de to (var det som) løp lengst?

3) Hvilket fjell er høyest, Fuji eller Galhøpiggen?

79. 1) Han var (ombord) på den ankomne båten.

2) Det løsrevne sitatet er årsaken til diskusjonen.

3) Det ble funnet mange skatter i den sunkne båten.
80. 1) Det veldig tettbefolkete området ligger i den sørvestlige delen av landet.
2) Tor er en av de meget sjenerte barna.
3) Ibsen er den mest berømte norske forfatter(en).
81. 1) Butikken er åpen hele døgnet (rundt).
2) Hele byen vet det.
3) Til sist fikk Askeladden både halve kongeriket og prinsessen.
82. 1) Alle billettene til konserten er nå utsolgt.
2) Han bruker all fritiden sin på jogging. (til も可能)
3) Programvaren er installert i alle datamaskinene/datamaskiner her.
83. 1) Her er mye folk.
2) I skrivestuen er det mange bøker.
3) Det er mange sko i entreen.
84. 1) Hva med litt kaffe?
2) Jeg vet lite om begivenheten./*Jeg har lite peiling på begivenheten.*
3) Jeg har også noen (få) venner i Ålesund.
85. 1) Snakker Keita tysk eller engelsk? (Han snakker) begge deler.
2) Kjøpte du en datamaskin eller en skriver? (Jeg kjøpte) begge deler.
3) Hvilken iskrem vil du ha? (Ja, takk.) Begge deler.
86. 1) Kan jeg få lov til å gå ut?
2) Jeg regner med at hun snart kommer hit.

3) Peter er ute i kjøkkenet (nå).
87. 1) Skyene lå lavt over fjorden.
2) Han sang veldig godt.
3) Det regner forferdelig voldsomt ute nå.
88. 1) Jeg vil heller dra hjem (enn være her).
2) Jeg bor lenger borte.
3) Jeg forstår svensk bedre enn før.
89. 1) Hun uttaler alltid ordet slik.
2) Det ser slik/*sånn ut*.
3) Var det slik som før?
90. 1) Kanskje vi vil bli ferdig med oppgaven før eller senere.
2) Er De/*du* kanskje tørst?
3) Kommer han? Kanskje, kanskje ikke.
91. 1) Filmstjernen skal ankomme Flesland klokken tre i morgen.
2) Jeg gikk langsomt en tur langs Karl Johans gate sammen med Merete for en uke siden.
3) Det er helt utrolig at vi ser deg slik på et slikt sted på en slik dag.
92. 1) Her i landet er det syv/*sju* storbyer.
2) *Oppe* i Alta er det helleristninger etter samiske forfedre.
（ここでは oppi は使用できません）
3) *Oppe* på fjelltoppen har det nettopp snødd.
93. 1) Hva i helvete gjør dere her?
2) Hva i all verden mener du med det?
3) Hvordan i all verden kan hun adoptere barn?
94. 1) Hvor gammelt er hans barnebarn blitt?

2) Hvor lang tid ta det til Hurdal?

3) Hvor langt er det til Hurdal?

4) Hvor mye koster det til Hurdal?

95. 1) Hva slags oppgave skal vi få (her)?

2) Jeg kan ikke komme på hvilken vei jeg skal ta.

3) Hva for en bok er det du er mest interessert i?

96. 1) Det var ikke jeg som bodde i Halden.

2) Det var ikke brev, men småpakke (som) jeg sendte ham.

3) Kan jeg ikke veksle disse pengene til norsk valuta/norske kroner?

97. 1) Ikke alle er fornøyd(e) med den nåværende situasjonen.

2) Ingen er enig med ham.

3) Det er ikke alltid regn i Bergen./*Det regner ikke alltid i Bergen.*

98. 1) Det er aldeles ikke grunn til det.

2) Det er slett(es) ikke dårlig.

3) Reglene er til ingen nytte i det hele tatt.

99. 1) Snakker du ikke tyrkisk, heller?

2) Jeg vil ikke dra dit. Ikke jeg heller/*Heller ikke jeg.*

3) Sønnen er ikke noe geni i det hele tatt.

100. 1) Jeg synes ikke (at) han er beskjeden.

2) Jeg trodde ikke (at) situasjonen var så alvorlig.

3) Vi synes ikke det var mye diskusjon fram og tilbake.

101. 1) Kirkebærblomstene er i full blomst neste måned.

2) Hun spiller piano nå.

3) Vi spiser ute på restaurant på lørdager/*hver lørdag/om lørdagene.*

102. 1) Min bestefar døde før jeg ble født.
   2) Jeg har kjent Ellen siden hennes barndom./*Jeg kjenner henne fra barndommen.*
   3) Jeg vil gjøre mitt beste i neste konkurranse.
103. 1) Jeg skriver (et brev) til oldefar(en min).
   2) Under togreisen/*togreiser* er telefonsamtale forbudt./Telefonsamtale er forbudt i tog.
   3) Eu du våken nå?
104. 1) Kineserne oppfant papiret.
   2) De reiste (herfra) forrige uke.
   3) De gikk hjem./*De har/er gått hjem.*
105. 1) Han hoppet ut i tjernet for å redde barnet.
   2) Vi skal (dra) til Svalbard for å se isbjørn. (種類を表現する場合は単数形)
   3) Vi vasket munnen for ikke å bli forkjølet.
106. 1) Dere må ikke gjøre hva som helst på måfå.
   2) Dere må gjerne besøke oss.
   3) Det må være feil at han er for utbygging av kjernekraftverk.
   4) Han var nødt til å reise hjem fra feriestedet.
107. 1) Tiltaket må kunne støtte dem som trenger hjelp.
   2) Ved skranken skal søknadsskjema kunne tas imot innen (den) 1. februar.
   3) Hun burde kunne sende søknadsskjemaet.
108. 1) De skal holde bryllup i stavkirken.
   2) Skal vi ta (en) pause snart?
   3) Vi vil (reise/*dr*a) til Pisa til sommeren.

4) Vi kommer til å savne deg.
109. 1) Du skulle ikke (ha) inngått kontrakten.
2) Hun skulle ikke (ha) brutt sitt ord.
3) Du kunne (ha) gjort det også.
110. 1) Får en 16-åring drikke (alkohol) i Norge?
2) Kan jeg få (lov til å) vise dem huset innvendig?
3) Kunne jeg få (lov til å) snakke med (hr./fru/frøken) Hansen?
111. 1) Skal vi gå en tur etter at vi har spist lunsj?
2) Når (/Etter *a*t) jeg har skrevet brevet ferdig, skal jeg (gå/dra) til postkontoret.
3) Hva vil du gjøre etter at du har blitt ferdig på skolen?
112. 1) Jeg lurte på hva tid dere skal stenge butikken i dag.
2) Det smakte deilig./Det var godt.
3) Jeg skulle gjerne bestille et bord til fire på mandag neste uke.
113. 1) Kunne du være så snill å si det til Ola en gang til slik at han holder sitt løfte?
2) Jeg lurte på om jeg kunne legge igjen beskjed til (hr.) Giske.
3) Jeg lurer på om det er sant.
114. 1) Hvis jeg hadde vinger, ville jeg fly til deg./*Hadde jeg vinger, ville jeg fly til deg.*
2) Hvis jeg var deg, ville jeg takke ja til tilbudet.
3) Om det var i morgen, kunne det være fint.
115. 1) Jeg har vært i London flere ganger.
2) Den dyktige ingeniøren har vært død i tre år.

3) Ingunn ble/*har* blitt ferdig på videregående skole denne uken.
116. 1) Da jeg flyttet inn på studenthjemmet, hadde Jens bodd der allerede (i) tre år.
2) Han la se etter at han hadde gjort leksene.
3) Det hadde vært veldig fint.
117. 1) Hadde jeg tid, ville jeg (ha) besøkt deg i går.
2) Hadde jeg hørt på ditt råd den gang, skulle jeg ikke (ha) hatt slike vansker nå.
3) Hvis jeg får tid, vil jeg gjerne reise til Oslo.
118. 1) Denne festningen ble bygd av kong Sverre.
2) Hekser brentes (ifølge skikk og brukk) i middelalderen.
3) Hun ble satt (stor) pris på.
119. 1) Da det våredes, ble alle trær grønne på en gang.
2) Hva skyldes det?
3) Det var i mai om jeg minnes riktig.
120. 1) Gina fortalte meg at hun skulle ha barn i mai.
2) Han trodde at han skulle få jobben i barnehagen.
3) Hun hadde fortalt oss at hun kanskje skulle komme for sent, men heldigvis så hun ut til å ha kommet i tide.
121. 1) La ham prøve det.
2) Dere skal hindre barn i å nærme seg stedet.
3) Få Agnes til å oversette dette innen klokken ett./La Agnes oversette dette innen klokka ett.
122. 1) Han sa (at) han gjerne ville bo her./Han sa, *"Jeg vil gjerne bo her."*
2) Gjerningsmannen spurte oss om vi hadde penger på oss.

3) Italianeren påsto(d) (at) jorden gikk (i bane) rundt solen.
123. 1) Jeg visste ikke hvilket konferanserom som skulle benyttes (til konferansen).
2) Han spurte meg hvem som hadde kommet på besøk i går.
3) Ola spurte meg hvor mye han skyldte på meg.
124. 1) De sa til ham, "Ikke gjør det."
2) De befalte ham ikke å gjøre det./De fikk ham fra å gjøre det.
3) Foreldrene pleide å si til henne, "Studer hardt."
4) Foreldrene pleide å be henne om å studere hardt.
125. 1) Han oversatte boken fra arabisk til rumensk.
2) Jeg satte over kaffekjelen./*Jeg satte kaffekjelen på plata.*
3) Han hørte til Brann (fotballkulbb)./*Han tilhørte Brann (fotballklubb).*
126. 1) Jeg vil (at) dere skal gjøre lekser nå med en gang.
2) Hun ville (at) han straks skulle komme.
3) Jeg vil (at) hun skal fullføre studiet sitt.
127. 1) Det er/står to busser på parkeringsplassen.
2) Byen ligger i et området mot Nordsjøen.
3) Det står et glass på (spise)bordet.
4) Der går det noen krokodiller.
128. 1) Han er japansk, men hun er norsk.
2) Hun kunne ikke hjelpe tanta, for hun hadde ikke tid.
3) Hun kunne ikke hjelpe tanta, fordi hun ikke hadde tid.
129. 1) Ikke bare moren, men også barna var syke./*Ikke bare barna, men også moren var syk.*

2) Så vel Eva som Sissel er friske.

3) Det er ikke enten – eller, men både – og.

130. 1) Det er (helt) sikkert at han kommer./*At han kommer, er (helt) sikkert.*

2) Ina pekte på at det ikke var riktig.

3) Han vet ikke om Jørgen bodde i byen (eller ikke).

131. 1) Det er mer passende/*passer bedre* at jeg reiser til Oslo enn at du kommer til Japan.

2) Det er mer aktuelt at du leier hus enn at du kjøper hus i Tokyo.

3) De sa at de hadde planer om å reise til USA, men også at de ikke visste når planene kunne virkeliggjøres.

132. 1) Så lenge sommeren varer, er det stort sett varmt her.

2) Mens han talte, noterte hun (det han sa).

3) Mens brudgommen lagde mat, ryddet bruden opp.

133. 1) Da det ikke passer for dem, må vi finne en annen dato/dag.

2) Jeg vil ikke ta eksamenen, fordi jeg verken har tid eller lyst.

3) Siden barna (våre) fremdeles er små, må vi bruke mye tid på å stelle dem./er det nødvendig for oss å bruke mye tid på å stelle dem.

134. 1) Han var så syk at han ikke kunne komme i går.

2) De bor i nærheten av kysten, så de kan dra på fisketur hver dag./De bor ved kysten slik at de kan dra og fiske hver eneste dag.

3) Da klokken var veldig mange/*Da det var så sent*, måtte

vi ta drosje hjem fra stasjonen.
135. 1) Hvis du begynner med leddsetningen, skal du sette komma etter den.
2) Det må betales en avgift på 100 kroner for å delta på hele seminaret og også få lunsj.
3) Kan du kjøpe poteter, gullrøtter og løk(er) for meg?
136. 1) Den er ikke din, men min./Det er ikke ditt, men mitt.
2) Slå opp i tabellen og finn gjennomsnittet.
3) Hans bok heter "De fire store", og den handler om polfarerer.
4) 「私が来るまで彼を絞首刑にするな」と「私を待たずに彼を絞首刑にしろ」。
137. 1) Mika sier at det ikke er (så) vanskelig å snakke finsk.
2) Mika sier finsk ikke er så vanskelig å snakke.
3) Vi håper borgerkrigen ikke vil vare (noe) lenger.
138. 1) Når jeg kommer tilbake til Sørlandet, husker jeg moren som reiste i regionen sammen med meg for elleve år siden.
2) Da jeg kom tilbake til Sørlandet, husket jeg moren min som reiste rundt i regionen sammen for elleve år siden.
3) Da jeg har en avtale med Arve, må jeg forlate dere om et kvarter.
139. 1) Studenthjemmet ligger på Fantoft.
2) En av studentene mine studerer Njåls saga på Island.
3) Bergen ligger på Vestlandet.
140. 1) Jeg fikk låne sykkelen av ham i tre dager.
2) Jeg fikk reisebyrået til å booke meg inn på Hotell Norge

for to netter.

3) Det er helt utrolig at Nakayama har lært seg å mestre svensk på ett år!

141. 1) Jeg besøkte min bror i Sapporo etter hans hjemkomst.

2) Jeg var nødt til å studere (igjen) etter at jeg hadde spist kveldsmat.

3) Hva skal vi gjøre etterpå?

142. 1) For fire år siden ble Dag ansatt i NRK.

2) Det var en stund siden det var et jordskjelv.

3) Hvor mange år siden/*når* var det du var i Oslo siste gang?

143. 1) Vi sees foran Hachiko-statuen klokken seks.

2) Det ligger rett framfor deg.

3) Det var en spennende situasjon foran valget.

144. 1) Hiroko er hos frisøren nå.

2) Jeg har lest dette hos Næss.

3) Det er hos meg nå.

4) De bor hos meg nå.

145. 1) Barnet klødde seg på nesen.

2) Han klappet henne på kinnet.

3) Jeg dro ham i armen.

146. 1) Ifølge loven er det forbudt å ha dobbelt statsborgerskap.

2) Ifølge avisene ble gjerningsmannen dømt til tre års fengsel i går.

3) Etter det jeg har hørt fins det også i Oslo.

147. 1) Det nevnte pengebeløpet skal betales innen månedsskiftet.

2) Du bes (om å) sende det til fru Nakajyo innen (den/d.) 1. juli.

3) Den ligger innen din rekkevidde.

4) Saken vil ordnes innen familien.

148. 1) Posthuset ligger mellom politistasjonen og barnehagen.

2) Norge hadde en vanskelig tid mellom de to verdenskrigene.

3) Ryktet gikk mann imellom./Ryktet bredte seg blant folk.

149. 1) Irene er imot vedtaket.

2) Stemoren til Askepott var slem mot henne.

3) Den fisken er ingenting mot den (som) jeg fanget.

150. 1) Sent om kvelden tok jeg nattog til København.

2) Om morgenen spiser jeg frokost.

3) Her om dagen traff jeg (hr./fru/frøken) Sano.

151. 1) Legen har ligget med forkjølelse/*har vært forkjølet* siden forrige uke.

2) Det har gått over 300 år siden Christian IV levde.

3) Har du ikke skrevet takkebrevet ennå?

152. 1) Det kan hende jeg reiser til Frankrike til høsten.

2) I Japan begynner elevene på skolen om våren./I Japan begynner skole- året om våren.

3) I vinter avla jeg et besøk til Harstad etter tre års fravær.

153. 1) Under krigen bodde (det) en slektning av meg i Sverige.

2) Under oppholdet i byen gikk jeg i teatret noen ganger.

3) Skandalen er nå under etterforskning.

154. 1) Dette kunne ikke realiseres uten at elevene konkurrete

      med hverandre.
- 2) Han forlot åstedet uten å felle en tåre.
- 3) Han kunne ikke reparere motoren uten å ta deler fra hverandre.
155. 1) Bortsett fra sjefen var alle imot forslaget.
- 2) Bortsett fra dårlig hørsel er han veldig frisk.
- 3) Alle medlemslandene med unntak av Japan har ratifisert traktaten.
156. 1) Han tjente mye ekstra utenom den faste inntekten./I tillegg til den faste lønnen tjente han mye ekstra.
- 2) Vikingsskipet gikk utenom skjæret.
- 3) Da ble det servert mange forskjellige norske øl utenom Aass.
157. 1) Ved å slå opp *jernbyrd* i leksikonen, kan du finne ut hva det er for noe.
- 2) Ved å øke annonseringen ble salget tredoblet./Ved å øke annonseringen ble salget tre ganger så stort.
- 3) Ved en ren tilfeldighet bodde de på samme hotell/på det samme hotellet.
158. 1) Templet er berømt for dets hortensia.
- 2) Denne butikken er kjent for dens gode utvalg av olabukser.
- 3) Der er beryktet for sin arroganse.
159. 1) Han pleide å dra på fisketur sammen med far(en) sin i sommerferien.
- 2) Han pleier å gjøre lekser på biblioteket.
- 3) Hver gang de møttes, kranglet de med hverandre.

160. 1) Det kommer an på om de har råd (til det).
    2) Det kommer an på eksamensresultatet.
    3) Freden i landet er avhengig av FN-styrken.
161. 1) Jeg vet lite når det gjelder Sveriges riksdag./Jeg har lite peiling på Sveriges riksdag.
    2) Japan ligger bak nordiske land når det gjelder å fremme kultur.
    3) Når det gjelder penger har jeg mer enn nok.
162. 1) Skynd deg til bussholderplassen, ellers kommer du for sent til bussen.
    2) Studer hardt, så du kan bestå eksamen. (未知形が一般的)
    3) Nå må dere gå, ellers stenges porten.
163. 1) Han kunne ikke overtale henne til tross for alle mulige forsøk.
    2) Tross alt gikk det fint.
    3) Til tross for at han hadde mange vansker, ble han forfremmet i firmaet.
164. 1) Straks jeg hadde ankommet Arendal, ringte jeg (til) bestemoren min.
    2) Straks vi hadde gått ut av skolebygningen, begynte det å regne.
    3) Straks statsministeren hadde holdt en tale, gikk de løs på ham/henne.
165. 1) Jo mer/flere, jo bedre.
    2) Jo mer det regner, desto større blir flomfaren.
    3) Jo hardere du jobber med norsk, desto flinker blir du i

språket.
166. 1) Det er riktignok en god plan, men den er dessverre ikke gjennomførbar.
2) Han er nok dyktig, men han har lett for å miste besinnelsen.
3) Han er riktig nok stor og sterk, men han er umandig.
167. 1) Jeg anser deg som en venn.
2) Katten ble betraktet som et hellig dyr av de gamle egyptere.
3) Politibetjenten forvekslet ham med ugjerningsmannen.
168. 1) Det er nok bedre å ansette (hr./frøken/fru) Pedersen. For det første har han/hun arbeidet i reiselivsbransjen (i) mange år. For det andre er han/hun fortrolig med Japan.
2) Jeg vil slutte jobben. Hvorfor (vil du) det? For det første har jeg en sjef som er udyktig. For det andre er jobben/ *den* dårlig betalt.
3) For det tredje har jeg ikke tid.
169. 1) Etter hva jeg kunne se, var det snødekt alle steder.
2) Jeg motsetter meg kjernekraftverk så lenge sikkerheten ikke garanteres.
3) Hva meg angår, går det fint med det.
170. 1) Jeg har følelsen av at hun ikke er (helt) ærlig.
2) Jeg fikk inntrykk av at Spania var i klasse med Italia på dette feltet.
3) Jeg har fått inntrykk av at han er fremragende som komiker.

171. 1) Han kunne ikke slutte å sove under åpen himmel.
 2) Da det ikke var noen ledige plasser i toget, måtte jeg stå hele veien til Hamar.
 3) Jeg kunne ikke dy meg for å le.
172. 1) Ærlig talt er hun ikke noen ekspert i norsk.
 2) Kort sagt er han mindreårlig.
 3) Kort sagt (Kort og godt) har det noe å gjøre med hedenske skikker.
173. 1) Du kan like godt å gå til lege.
 2) Du kan like godt å la være å dra på fjellklatring, for lavtrykket nærmerer seg mot området.
 3) Du kan like godt å legge deg nå hvis du føler deg trøtt.
174. 1) Senere vil det vise seg at jeg har rett (i dette).
 2) Historien viste seg å være diktet opp.
 3) I løpet av et par dager vil det vise seg.
175. 1) Til min overraskelse ble situasjonen forverret.
 2) Til min skuffelse ble forhandlingene brutt.
 3) Til vår glede ble boka utgitt.
176. 1) Du behøver ikke å bekymre deg (for det).
 2) Vi behøver ikke å vente på dem (noe) lenger.
 3) Ingen behøver å vite det.
177. 1) Det nytter ikke å narre meg.
 2) Det var til ingen nytte å ha store forventninger.
 3) Det nytter ikke å nekte for det./Det nytter ikke å benekte det.
178. 1) Du lyder så hes. Jeg har vondt i halsen.
 2) Jeg fikk plutselig vondt i magen da jeg gikk.

3) Au, det gjør vondt.
179. 1) Jeg kan ikke takke Dem/deg nok for Deres/*din* støtte.
2) Jeg kan ikke få fullrost Aud.
3) Du kan ikke lese for mye norsk.
180. 1) Det sier seg selv at mye av det Peer forteller er løgn.
2) Det er ikke nødvendig å si at han er mot EU-medlemskap.
3) De er flinke i russisk, for ikke å snakke om polsk.
181. 1) Vi er allerede vant til det.
2) Vi må venne oss til dette systemet så fort som mulig.
3) Jeg har ennå ikke blitt vant til (å spise) rå fisk./Jeg er ennå ikke vant til ---.
182. 1) Det er bedre å vente at solen går opp i vest enn å vente at jeg forandrer min mening./Du kan like gjerne vente at sola vil gå opp i vest som å vente at jeg forandrer min mening.
2) Jeg kan like gjerne bli en slave.
3) Jeg kan like gjerne bli i Japan.
183. 1) Jeg kan ikke tenke på det uten at det fyller meg med forferdelse.
2) Hver gang de møtes, krangler de./De møter aldri uten at de krangler.
184. 1) Resultatet overrasket alle.
2) Jeg er ordentlig skuffet over hennes personlighet.
3) Jeg er imponert over at de rettet seg etter japanske lover uten å klage.
185. 1) Det var ikke før i år jeg reiste til UK for første gang.

2) Først i forrige uke fikk jeg vite resultatet av den muntlige prøven i språkvitenskap.

3) Jeg oppdaget ikke at jeg hadde mistet nøkkelen før jeg kom hjem./Det var ikke før jeg kom hjem (at) jeg oppdaget at jeg hadde mistet nøkkelen.

186. 1) Jeg har bestemte meg for å dra til Norge til sommeren.

2) Hun har bestemt seg for ikke å snakke japansk under oppholdet i Norge.

3) Vi bestemte oss for å lese 21 (tjueen/enogtyve) bøker på en uke.

187. 1) To er for fire hva åtte er for seksten.

2) Lesning er for ånden hva mat er for kroppen.

3) Ris er for asiater hva mel er for europeere.

188. 1) Jeg har (dessverre) ikke noe kaker. Det gjør ingenting.

2) Jeg er sikker på at glemsomhet spiller en viktig rolle i å gjøre mennekser lykkelige./Det er sikkert at glemsomhet spiller ---.

3) Wencke spiller Åse(s rolle).

189. 1) Hvor hardt jeg enn arbeider, kan jeg ennå ikke klare det.

2) Hvor han enn er, tenker han alltid på Jannecke.

3) Hvor lang tid det enn tar, er vi nødt til å gjøre det ferdig.

190. 1) Skikk og bruk varierer/*adskiller seg* fra land til land.

2) Rådhuset atskiller seg fra de andre bygningene i strøket.

3) Nå ser det litt annerledes ut./Nå er det litt annerledes.

191. 1) Av den grunn(en) er alle togene innstilt for tiden.

2) Hans innreise til Norge godkjennes ikke av en eller annen grunn.

3) Av en disiplinær årsak kan han ikke innrulleres.

192. 1) Hvor er det blitt av barna?

2) Hva blir det av Siri som aldri gjør lekser?

3) Hvor er det blitt av dokumentene?

193. 1) Filmen skuffet oss fryktelig.

2) Vi ble skuffet, fordi han/hun ikke holdt sitt ord.

3) Jeg ble skuffet over å finne at Ina ikke var hjemme.

194. 1) Hver gang jeg ringte Karin, fikk jeg ikke noe svar.

2) Det er nytteløst å si noe slikt nå.

3) Ingenting skjedde i motsetning til profetien.

195. 1) Hun kan (snakke) fransk. Det gjelder i enda høyere grad engelsk.

2) Jeg kan ikke lese norsk, enda mindre snakke det/språket.

3) Det er vanskelig å stå opp klokken 6, så det vil være enda vanskeligere å gjøre det når det er kaldt.

196. 1) Mon hun kan treffe ham?

2) Mon hun vil komme (i kveld)?

3) Mon tro hva han sier når han får se dette?

197. 1) Jeg gleder meg til sommerferien./Vi gleder oss til sommerferien.

2) Det (som) jeg ser frem til må være mellom oss.

3) Jeg gleder meg til (å ta imot) e-posten din.

198. 1) Hva hindrer henne i å komme?

2) Pasifisme har en god sjanse til å hindre krig i å bryte ut.

3) Han lyktes å hindre skuten i å synke.
199. 1) De ble tvunget til å heve forlovelsen.
2) Statsministeren tvang samferdselsministeren til å si fra seg stillingen/til å gå av.
3) Kneskadet tvang fotballspilleren til å legge opp.
200. 1) Gruvearbeideren døde av mangelen på oksygen.
2) Han mangler erfaringer./Han er uerfaren.
3) De mangler fullstendig sunn fornuft.
201. 1) Jeg tar det for gitt at han ble sint på deg.
2) Vi tok det for gitt at han hadde tatt imot brevet.
3) Det synes å bli tatt for gitt at jo mere vi husker jo, lykkeligere blir vi.

文法事項一覧

統語編

1. 主語＋動詞
2. 主語＋動詞＋補語
3. 主語＋動詞＋目的語
4. 主語＋動詞＋目的語＋目的語
5. 主語＋動詞＋目的語＋補語
6. 主語＋動詞（感覚動詞）＋目的語＋補語
7. 否定疑問文
8. 疑問詞を用いる疑問文
9. 付加疑問文
10. （否定）命令文
11. 感嘆文
12. 祈願法・願望法
13. 主節の語順
14. 倒置語順による曖昧さ
15. 従属節の語順

名詞・冠詞・数詞編

16. 共性名詞/女性名詞の扱い
17. 名詞の省略
18. 不定冠詞の省略（職業や国籍）
19. 不定冠詞（職業や国籍）
20. 不定冠詞の省略
21. 不定冠詞の省略（抽象名詞など）
22. 二重限定
23. 職業名＋人名
24. 所有表現1
25. 所有表現2
26. 所有表現3
27. 数詞（基数）

代名詞編

28. den/det「それ」
29. det（前文の内容）
30. 形式主語（未知形名詞）
31. 形式主語（天候など）
32. 形式主語（漠然とした状況）
33. Det banket på døra.
34. Det – (for) – at –
35. Det – (av) – at –
36. 形式目的語
37. 敬称
38. 再帰代名詞
39. 否定辞と代名詞
40. 強調構文
41. 再帰代名詞（～で・～ために）
42. 再帰代名詞所有形＋egen
43. 再帰代名詞所有形の語法
44. 再帰代名詞所有形の語法
45. 関係代名詞制限用法
46. 関係代名詞非制限用法
47. 関係副詞
48. noe som/hva
49. 疑問詞＋som
50. 関係代名詞の所有格
51. 複数の関係代名詞
52. man/en
53. noen av（全体の一部）
54. noen/noe（名詞）
55. noe varmt å drikke
56. noe/litt
57. hver

形容詞編

58. 基本変化
59. 基本変化

60. 形容詞＋固有名詞
61. 口語の影響
62. Epler er dyrt.
63. 序数
64. 現在分詞 –ende（付帯情報）
65. 現在分詞 –ende（形容詞的）
66. 現在分詞 –ende（名詞的）
67. 原級
68. 比較級
69. 原級（〜倍）
70. 比較級の強調
71. mer を用いる比較級
72. 比較級（差の表現）
73. 絶対比較
74. 形容詞動詞の比較
75. 劣等比較
76. 最上級
77. 最上級を用いる特殊な表現
78. 過去分詞
79. 強調の副詞との併用
80. hel/all
81. all
82. mye
83. lite/litt
84. begge

副詞編

85. hjem/hjemme
86. 形容詞の副詞への転用
87. lange の比較級
88. slik
89. kanskje
90. 副詞の順番
91. 副詞＋名詞
92. 一体
93. hver
94. どれぐらい
95. hvilken
96. 否定辞
97. 部分否定
98. 否定の強調
99. 〜もない
100. tro/synes ikke

動詞編

101. 現在形
102. 現在形・過去形（チャイムが鳴った）
103. 進行形
104. 過去形/完了形

105. 不定詞の副詞的用法　　　106. 助動詞
107. 複数の助動詞　　　　　　108. ville/skulle/komme til
109. skulle (ha) gjort　　　　　110. 許可
111. 現在完了形　　　　　　　112. 過去形（丁寧）
113. 過去形（不確実）　　　　114. 仮定法過去
115. 2種類の現在完了形　　　　116. 過去完了形
117. 仮定法過去完了　　　　　118. 受動態
119. 中動態動詞　　　　　　　120. 助動詞過去形
121. 使役動詞　　　　　　　　122. 話法1（疑問詞なし疑問文）
123. 話法2（疑問詞付き疑問文）124. 話法3（命令文）
125. 一体型動詞　　　　　　　126. ville（本動詞）
127. 存在（〜あります）

接続詞編
128. enten A eller B　　　　　129. verken A eller B
130. at/om　　　　　　　　　131. at の省略
132. mens　　　　　　　　　 133. da/siden
134. så at/slik at　　　　　　　135. a, b og c
136. men,　　　　　　　　　 137. (at) の省略/語順
138. når/da

前置詞編
139. i/på（場所）　　　　　　140. i/på/for（時間）
141. etter　　　　　　　　　 142. for 〜 siden
143. foran　　　　　　　　　144. hos
145. i/på（部位）　　　　　　146. etter/ifølge
147. innen/i løpet/om　　　　　148. imellom
149. for/mot　　　　　　　　150. om

151. siden
153. under
155. uten
157. ved

慣用表現編

158. være kjent for
160. det komme an på
162. ellers
164. straks
166. riktignok 〜, men
168. for det første
170. ligge foran
172. oppriktig talt
174. vise seg å være
176. behøve ikke (å)
178. feile
180. det følge av seg selv at
182. like gjerne 〜 som
184. være overrasket over
186. bestemme seg for
188. spille en rolle
190. være enig med
192. bli av
194. ingenting å gjøre med det
196. mon (tro)
198. hindre 〜 til (å)
200. mangel på

152. til
154. unntatt
156. utenom

159. pleie (å)
161. når det gjelder
163. til tross for
165. jo 〜, jo 〜
167. betraktes som
169. så vidt (jeg vet)
171. kunne ikke la være å
173. like godt
175. til min overraskelse
177. til ingen nytte
179. kunne ikke 〜 for (adj)
181. være vant til (å)
183. uten feil
185. ikke før
187. A er for B hva C er for D.
189. hva du enn gjør
191. av sikkerhetsgrunner
193. være skuffet over
195. enda mer/mindre
197. glede seg til
199. tvinge 〜 til (å)
201. ta 〜 for gitt

目録進呈　落丁本・乱丁本はお取替えいたします。

2010年（平成22年）10月20日　　　Ⓒ 第1版発行

やさしいノルウェー語の作文

著　者　岡本健志

発行者　佐藤政人

発行所
株式会社 大学書林
東京都文京区小石川4丁目7番4号
振替口座　　00120-8-43740
電　話　（03）3812-6281〜3番
郵便番号112-0002

ISBN978-4-475-01888-3　　　豊国印刷・牧製本

大学書林
語学参考書

著者	書名	判型	頁数
下宮忠雄著	ノルウェー語四週間	B6判	653頁
森 信嘉著	ノルウェー語文法入門	B6判	212頁
岡本健志著	自習ノルウェー語文法	A5判	232頁
森 信嘉編	ノルウェー語基礎1500語	新書判	208頁
信森廣光編	ノルウェー語会話練習帳	新書判	144頁
清水育男著	英語対照ノルウェー語会話	B6判	200頁
古城健志・松下正三 編著	ノルウェー語辞典	A5判	846頁
岡本健志著	ノルウェー語分類単語集	新書判	352頁
クリスティン・リュッグ・岡本健志 著	ノルウェー語でどういうの	B6判	228頁
H.イプセン・W.アーチャー著 佐竹龍照・岩原武則訳注	人形の家	B6判	498頁
B.ビョルンソン著 岡本健志訳注	父	B6判	190頁
尾崎 義著	スウェーデン語四週間	B6判	440頁
山下泰文著	スウェーデン語文法	A5判	360頁
菅原邦城・クラース・ガルレーン 編	スウェーデン語基礎1500語	新書判	176頁
松下正三編	スエーデン語会話練習帳	新書判	144頁
岡田令子・菅原邦城・間瀬英夫著	現代デンマーク語入門	A5判	264頁
山野辺五十鈴編著	自習デンマーク語文法	A5判	208頁

― 目録進呈 ―